Betriebsanleitung Mensch

AF158567

Betriebsanleitung Mensch

Dr. Roland Werk
BABENDE Institut, Würzburg

Dr. Roland Werk, BABENDE Institut,

Haugerkirchgasse 6, D-97070 Würzburg

Lektorat: Andrea Wagner

Korrektorat: SCHOPF Computersysteme, Monika Schlier

Umschlag, Illustration: Martin Armbruster

Bibliografische Information der Deutschen Bibliothek

Die Deutsche Bibliothek verzeichnet diese Publikation in der Deutschen Nationalbibliografie; detaillierte bibliografische Daten sind im Internet über http://dnb.ddb.de abrufbar.

TWENTYSIX – Der Self-Publishing-Verlag

Eine Kooperation zwischen der Verlagsgruppe Random House und BoD - Books on Demand

ISBN 9783740753870

Herstellung und Verlag: BoD - Books on Demand, Norderstedt

© Dr. Roland Werk, BABENDE Institut, Würzburg 2017

2. Auflage 2019

Die Verwendung der Texte und Bilder, auch auszugsweise, ist ohne Zustimmung des BABENDE Institutes urheberrechtswidrig und strafbar. Dies gilt für Vervielfältigungen, Übersetzungen, Mikroverfilmungen und für die Verarbeitung mit elektronischen Systemen. Die Empfehlungen, Darstellungen und Vorschläge in dem vorliegenden Buch sind von dem Autor sorgfältig erwogen und geprüft worden. Dennoch kann eine Garantie nicht übernommen werden. Eine Haftung des Autors bzw. seiner Beauftragten für Personen-, Sach- und Vermögensschäden ist ausgeschlossen.

Inhaltsverzeichnis

Vorwort	7
Einleitung	9
Stein der Weisen	13
Vom Stein der Weisen zum Prüfstein des Erfolges	15
Die kritischen 4	17
Essen und Trinken hält Leib und Seele zusammen	19
Wer rastet, der rostet	20
Wir werden alt, um weise zu werden	21
Der Glaube kann Berge versetzen... oder gesund erhalten	22
Die kritischen Faktoren der Gesundheit im Check bei Erkrankungen	23
Die russische Matrjoschka-Puppe und die Medizin	27
Superorganismus Mensch	33
Vom Essen	41
Was den Menschen im Innersten zusammenhält	52
Leben ist Ordnung aus Ordnung	57
Psyche und Verhalten	62
Biorhythmen – Die Uhren des Lebens	72
Der rote Faden	80
Spiritualität, Religion und Gesundheit	83
Literaturverzeichnis	91
Stichwortverzeichnis	96

Vorwort

Vor etlichen Jahren saßen wir in einer netten Runde mit dem Neffen eines berühmten Wiener Biologen zusammen. Obwohl er selbst Biologie nicht studiert hatte, war er nach all den vielen Jahren noch immer von den Ideen seines Onkels begeistert. Als Biologe und Mediziner faszinierten mich diese Überlegungen, die als systemische Biologie bezeichnet werden, genauso. Während meiner Studienzeit war systemische Biologie nicht im Lehrplan enthalten. Auch in meiner späteren Assistenzzeit an verschiedenen Universitäten kam ich mit dieser Denkweise nicht in Kontakt. Die systemische Biologie ist die Lehre, dass jedes Lebewesen, ja sogar einzelne Zellelemente wie das Erbmaterial, besonderen Ordnungsgesetzen, nämlich denen eines Systems, folgen. In der Zwischenzeit sind diese Gedanken Grundlage eines Zweiges der Topwissenschaft. Auch die Evolution als auch die Bildung von zusammenhängenden Gesundheitsstörungen wie Übergewicht, Bluthochdruck, Diabetes, Krebs zu Komplexen, die im Fachjargon als Diseasome bezeichnet werden, scheinen durch solche Gesetzmäßigkeiten bestimmt zu sein.[2]

Seit diesem Gespräch beschäftige ich mich mit dieser Theorie als Grundlage, um das Thema Gesundheit und Krankheit besser zu verstehen. Dieser Ansatz erwies sich als sehr hilfreich, als wir begannen, uns mit der Untersuchung der Stuhlflora im Rahmen von Gesundheitsstörungen zu beschäftigen. Hierdurch konnten wir die Situation der Patienten als Ganzes besser verstehen und

den Patienten entsprechende Erklärungsmodelle und Therapiekonzepte zur Verfügung stellen. Diese Arbeitsweise, die wir im BABENDE Institut über 20 Jahre weiterentwickelten, prägte mir zwei fundamentale Erkenntnisse ein.
1. Bei dem größten Teil der Patienten und auch darüber hinaus besteht eine grundlegende Unkenntnis über die Gesetzmäßigkeiten (Ordnungsgesetze der Biologie).
2. Biologie gehorcht nur ihren eigenen Gesetzen nie menschlichen Wünschen, Ideologien oder Moralvorstellungen, insbesondere auch nicht betriebswirtschaftlichen Aspekten.

Eine Studie, die im Januar 2017 im Deutschen Ärzteblatt vorgestellt wurde, bescheinigt der deutschen Bevölkerung eine mangelhafte „Gesundheitskompetenz" einschließlich eines ungenügenden Wissens über Gesundheit. Meines Erachtens kommt eine allgemeine Überschätzung der Leistungsfähigkeit der modernen, naturwissenschaftlich orientierten Medizin hinzu.[37]

Darüber hinaus mag die Auswirkung dieser Gesetze für uns nicht immer direkt erkennbar sein. In der Regel treten die Folgen erst 10 bis 15 Jahre später auf. Manchmal zeigen sich die Auswirkungen als eine Art der Sippenhaft allerdings auch erst in der Kindergeneration wie der Alkoholmissbrauch in der Schwangerschaft oder die Wirkung hormonell wirksamer Schädlingsbekämpfungsmittel auf Gesundheit und Fruchtbarkeit.

Einleitung

„Gute Gesundheit ist die beste Quelle für tugendhaftes Handeln, den Erwerb von Wohlstand, die Erfüllung von Wünschen und spirituelle Befreiung. Krankheiten zerstören dagegen die Gesundheit, das Wohlergehen und das Leben selbst."
(Charaka Sutrasthana 1.15-17)[39]

Die meisten von uns bewundern Menschen, die eine charismatische Ausstrahlung haben und anscheinend voller Gesundheit strotzen. Ihr Geheimnis ist ihre innere und äußere Harmonie, die sich in allen Aspekten in Haltung, Bewegung, Aussehen und in dem, was sie sagen und tun, zeigt. Wir beschreiben dies mit Begriffen wie Authentizität, Stimmigkeit oder Kongruenz manchmal auch Harmonie.
Im Verständnis der östlichen Philosophie geht der Verlust von Harmonie mit Leid, verminderter Vitalität und Krankheit einher. In der westlichen Welt zeigt sich das Begriffspaar Gesundheit/Krankheit als ein schwarz-weiß Bild.

Trotz aller medizinischen und gesellschaftlichen Fortschritte fühlen wir (zumindest viele von uns) uns mit dem Thema Gesundheit überfordert und unsicher, wie wir uns verhalten sollen. „Ich glaube, dass unser Verständnis von Krankheit zutiefst falsch ist... Nervosität, Verzweiflung und Erschöpfung sind die tragischen Krankheiten... Sie verwüsten mehr Leben, zerstören mehr

Familien und verursachen mehr Armut als schwere Erkrankungen". Dieses Zitat stammt nicht aus jüngster Zeit sondern von 1936. Es ist dem Buch des Londoner Arztes Lawrie Macpherson „Nature hits back" (Die Natur schlägt zurück) entnommen.[31] Die heutige Gesundheitsentwicklung in unserer Gesellschaft bestätigt seine Einschätzung. Unter anderem berichtete die WHO unlängst über eine massive Zunahme von Krankheiten in der „Dritten Welt" genauso wie in der westlichen. Diagnosen wie Depression, nervöse Erschöpfungszustände wie Burnout, Übergewicht und Demenz gehören zu den Top Ten der Gesundheitsprobleme.

Nur zu oft laufen Menschen dann falschen Propheten oder einer Mode hinterher. Zu solchen Moden gehört die Gewichtsabnahmediät von Atkinson und ihre Nachfolgemodelle wie „Low Carb". Sie brachten vielen Menschen erhebliche Gesundheitsprobleme und ihrem Erfinder den Tod. Auf der Suche nach einfachen Lösungen für komplexe Probleme verschlimmern viele Menschen nur ihre Situation. Unter Druck der Gemeinschaft, bzw. im größeren Maßstab der Gesellschaft, scheinen Menschen dazu zu neigen, objektiv Falsches als richtig zu akzeptieren. Sie lassen sich auch davon nicht abbringen, wenn sie es als falsch erkannt haben.[20] Wohnt dem Misslingen eine fragliche Logik inne oder ist es, dass wir oft genug nicht erkennen was ist?

Letztendlich bleiben wir bei der Frage hängen: „Wie sollen wir leben?" Überall auf der Welt, ob in Okinawa, Sardinien, Costa Rica oder auch gleich nebenan haben Menschen Antworten gefunden.[8] Sie wurden und werden oft ohne je krank gewesen

Einleitung

zu sein über 90 oder gar 100 Jahre und arbeiten und versorgen sich bis kurz vor ihrem Tod. Eine der Gemeinsamkeiten ist ein bescheidenes, ja zum Teil ärmliches aber zufriedenes Leben. Sie gehören nicht zu den Menschen, die bei den ersten Anzeichen von Unpässlichkeit Pillen einwerfen, auch nicht zum Typ „man gönnt sich ja sonst nichts" oder „ich bin dann einmal weg.de". Stattdessen leben sie ein artgerechtes von den Regeln unserer Biologie geprägtes Leben.

Jahrelange Erfahrungen der Mettnau Kliniken in Radolfzell zeigen, dass Menschen heute nicht mehr einen ausgeglichenen Rhythmus zwischen Aktivität und Entspannung innehaben.

Zunehmend verschiebt sich auch schon in jungen Jahren die Regulation zur Anspannung hin. Selbst im Schlaf kehrt keine Entspannung ein. Das System Mensch ist in seiner Regulation verstellt. Viele behandeln ihren Körper so, als ob sie einen Ferrari im ersten Gang bis 200 Stundenkilometer fahren. Jedem Autofahrer ist klar: Das kann nicht funktionieren. Hingegen beim eigenen Körper fehlt das Bewusstsein und Verständnis, was gut tut und was schadet. Es scheint, dass das Wissen für den Umgang mit dem Körper, die Betriebsanleitung, fehlt.

Die Betriebsanleitung Mensch ist meine Sicht des Lebens als Biologe und Mediziner. In ihr gehen meine Erfahrung aus über 35 Jahren Diagnostik, insbesondere der Darmgesundheit und des Stress sowie Ergebnisse der modernen Wissenschaft als auch der fernöstlichen Medizin, ein. Ich hoffe, Ihnen als Leser Information darzustellen, die Ihnen hilft, Ihre Entscheidung, wie Sie leben wollen, zu treffen.

„Die Würde des Menschen liegt in seiner Wahl."
Max Frisch

Stein der Weisen

„Probleme kann man niemals mit derselben Denkweise lösen, durch die sie entstanden sind."

Albert Einstein

Die Suche nach der Gesundheit oder besser den Faktoren, die Gesundheit ausmachen, gleicht der Suche nach dem sagenumwobenen Stein der Weisen. Fast alle wünschen sich Gesundheit. Viele reden über ihre Erfolge mit dieser oder jener Methode. Nur wenige haben fundierte Überlegungen angestellt. Jedoch keiner hat bisher die optimale Lösung gefunden. Ja, viele Methoden, die versprachen, zum Beispiel mit Diäten schlanker, ranker und gesünder zu werden, führten für die Betroffenen in ein Desaster.

Die Frage ist somit: Hat noch keiner die Lösung für den Weg in die Gesundheit gefunden oder gibt es schlichtweg keinen Gesundbrunnen?

Ein heute probater Weg ist, zur Klärung die Wissenschaft wie die Evolutionsbiologie zu Rate zu ziehen. Ohne diese erklärt sich, wie der berühmte Forscher Theodosius Dobzhansky wusste, nichts.

Das genauere Hinsehen zeigt, dass der Mensch unvorstellbar komplex aufgebaut ist. Allein die Menge an Informationen, die eine einzelne Zelle benötigt, um zu wissen, wo sie im Körper hingehört und was sie dort tun soll, ist unvorstellbar groß.[12]

Zudem formen von der befruchteten Eizelle bis zu unserem Erwachsenendasein bis ins Alter eine unendliche große Zahl von unüberschaubaren und z. T. unerkannten Einflüssen unsere Entwicklung und Gesundheit. Faktoren, die in uns liegen, Einstellung der Eltern zur Gesundheit, Einflüsse aus der Umwelt wie Lärm und Umweltgifte sowie unsere gesellschaftliche Situation wirken auf unsere Gesundheit ein. Das heißt, dass aufgrund unserer zeitlichen körperlichen und seelischen Entwicklung, unserer Veranlagung, Biologie und Umwelt unüberschaubar viele und größtenteils unbekannte Faktoren mitentscheiden, ob wir gesund und fit sind oder krank werden. Eines scheint klar zu sein: Eine „Pille für alles" gibt es nicht. Auch scheint ein Gesundbrunnen ebenso wenig wahrscheinlich. Also aufgeben? - Mitnichten. Auch wenn kein einfacher Weg möglich ist, können wir zumindest wie in der Wirtschaft die kritischen Faktoren herausarbeiten, die uns ein Maximum an Erfolg versprechen. Das Pareto-Prinzip besagt, dass 20 % der Maßnahmen, Faktoren usw. 80 % des Erfolges ausmachen. Dies sind die Key Accounts, die kritischen Wenigen. Im Gegensatz dazu erwirtschaften 80 % der Maßnahmen nur 20 % des Erfolges.

Dies hier ist unser Versuch, die kritischen Gesundheitsfaktoren dingfest zu machen.

Vom Stein der Weisen zum Prüfstein des Erfolges

Vor über 20 Jahren entschieden wir, uns mit der Diagnostik der normalen Stuhlflora zu beschäftigen. Von Anfang an versuchten wir, die alt eingefahrenen Pfade zu verlassen und anderen Überlegungen zu folgen. Schon früh erhielten wir zu unseren Aussagen positive Rückmeldungen. Gleichzeitig kamen die Fragen, was denn zu tun sei, um die Situation eines Patienten zu verbessern. In der Tat ist das der Prüfstein, an dem sich jeder neue Ansatz messen lassen muss. Bietet er verlässliche Hilfe in der Behandlung? Eine verteufelt schwere Aufgabe. Also machten wir uns auf die langwierige Suche nach den Essenzen der Gesundheit.

Eine entscheidende Hilfe dabei war die weltbekannte Studie zur Gesundheit der 100-jährigen Okinawer.[52] Nicht, dass es anderswo auf der Welt keine 100-Jährigen gibt; vielmehr ist es die Häufung von sehr alten Menschen und ihre geistige und körperliche Gesundheit, die die alten Okinawer so besonders macht. Erkrankungen wie Zucker, Bluthochdruck und Bandscheibenvorfall sind bei ihnen praktisch unbekannt. Im Wesentlichen finden wir ähnlich erstaunliche Berichte von anderen „blue zones" in der Welt, in der besonders viele gesunde langlebige Menschen leben.[8] Tatsächlich gibt es auch in Mitteleuropa seit dem Zweiten Weltkrieg zunehmend mehr Menschen zwischen 80 und 100 Jahren. Für viele gilt jedoch, was der Umweltmediziner Kuklinski formulierte: „Die Deutschen werden zwar absolut gesehen älter. Nicht aber etwa, weil sie gesünder sind, sondern weil sie länger krank sein können." Prof. Makoto Suzuki, Co-Autor der weltbekannten Okinawa-Studie[52] über Langlebigkeit sagt: „Langlebigkeit und eine hohe Lebenserwartung, das sind für mich zwei Paar Schuhe. Als kranker Mensch sehr alt zu werden, das ist für mich keine Langlebigkeit."

Die kritischen 4

Von vielen Einflussmöglichkeiten für ein Mehr an Gesundheit blieben bei der Okinawa-Studie vier Faktoren übrig, die von besonderer Bedeutung sind. Sie sind die Landmarken für die enorme Gesundheit, Vitalität und Gesundheit der Senioren in Okinawa:

- eine gesunde, frisch zubereitete, leicht unterkalorische Ernährung mit wenig Alkohol.
- Von Vernunft, Bescheidenheit und Selbstachtung im Einklang mit dem Rhythmus der Natur getragenes, bewegungsreiches Leben.
- Rückhalt in der Gemeinschaft.
- Sinnhaftigkeit des Seins auf Basis einer tiefen Religiosität und Spiritualität.

Viele Beobachtungen und wissenschaftliche Forschungsergebnisse weltweit weisen ebenfalls in diese Richtung. Ein sehr deutlicher Beweis für die Richtigkeit dieser Überlegungen stammt aus den Berichten von KZ-Häftlingen.[15] Unter den KZ-Häftlingen waren unterschiedliche Gruppen wie Juden, politische Gefangene, Sintis, Romas und Zeugen Jehovas. Es zeigte sich, dass von allen die Zeugen Jehovas die besten Überlebenschancen hatten. Ihr tief verwurzelter Glaube ließ sie relativ gut im Vergleich zu den anderen Gruppen die KZ-Inhaftierung überstehen. Aufbauend auf solche Berichte und eigene Studien formulierte der amerikanisch-israelische Wissenschaftler Antonovsky das

Modell der Salutogenese.[1] Salutogenese beinhaltet die Konzepte, die Menschen gesund halten. Ein bedeutender Gesichtspunkt ist dabei, Gesundheit nicht als einen fixen Zustand zu betrachten, den man schicksalsmäßig durch irgendwie geartete Umstände verlieren kann. Vielmehr ist es ein Prozess, der ständige Arbeit an sich erfordert. Demnach ist Gesundheit etwas, was immer im Entstehen ist. Leben ist wie ein Fluss mit kontinuierlicher Veränderung. Das bedeutet auch, sich von etwas lösen zu können. Sich nicht auf Personen, Situation und Einstellung zu fixieren. Ein Gedanke, der seit Jahrtausenden in fernöstlichen Lehren wie Yoga oder Buddhismus gepflegt wird. Um eine Insel der Ordnung wie Gesundheit zu schaffen, ist es erforderlich, sie gegen das Wasser zu stabilisieren. Nur so können wir verhindern, dass die fortwährende Veränderung des Lebens die Insel der Gesundheit wegschwemmt.

Essen und Trinken hält Leib und Seele zusammen

Dies gilt insbesondere, wenn man in Maßen genießt. Typisch für Okinawas alte Menschen ist ein Speiseplan, der nach westlichem Verständnis eine unterkalorische Ernährung darstellt. Durchschnittlich konsumieren sie 1 200 kcal/Tag. Das ist deutlich weniger als die von der deutschen Gesellschaft für Ernährung (DGE) empfohlenen 1 800 kcal/Tag. Im westlich medizinischen Verständnis weist die Okinawa-Ernährung eine leicht negative Energiebilanz im Vergleich zu deutschen Verhältnissen auf, das heißt, die alten Okinawer nehmen zu wenig Kalorien zu sich. Darüber hinaus sind die relativ wenigen Kalorien auch anders als bei uns verpackt. Getreide, Gemüse und Obst machen den Löwenanteil der Nahrung aus. Fett und Fleisch sind nach westlicher Vorstellung eher unterrepräsentiert. Die Okinawa-Ernährungspyramide gleicht der Mittelmeerernährungspyramide. Mit der modernen „convenience"-Ernährung mit Pitta, Hamburger, Chips und Coca Cola hat sie nichts gemein. Also, ein „supersize me" liegt mit dieser Ernährungsform nicht drin.

Wer rastet, der rostet

Diese Lebensweisheit haben sich wohl die alten Menschen auf Okinawa zu Eigen gemacht. Marktfrau mit 107, Bauer mit über 100 oder Fischhändler mit über 80, um nur ein paar Beispiele zu nennen, sind auf Okinawa ganz normal. Auch in Japan gibt es ähnliche Verhaltensweisen. Ein japanischer Freund erzählte uns, dass seine Tante mit über 90 Jahren noch immer ihr berühmtes Restaurant Hannua En in Tokyo führte und dort täglich von morgens bis zum späten Abend arbeitete.

Auch ansonsten bewegen sich in Okinawa die vielen alten Menschen sehr viel. Egal ob bei gemeinschaftlichen Spielen, beim Tanzen oder auch der eine oder andere beim traditionellen Karate - aktive Bewegung ist ein typisches Verhalten der Okinawa-Senioren. Das gleiche gilt auch für die Menschen in anderen „blue zones", Bereiche mit überdurchschnittlich vielen alten Menschen. Im Vergleich dazu bringen die meisten Deutschen es gerade täglich auf 1 km Gehstrecke. Auch hierzulande war es lange keine Ausnahme, wenn bis zum Arbeitsplatz oder Schule 5 bis 10 km zu Fuß zurückgelegt wurden. Typisch für Okinawa ist auch die Aufteilung des Tages unter Berücksichtigung des Tages- und Nachtrhythmus und der Biorhythmen.

Wir werden alt, um weise zu werden

Diese Lebensweisheit gilt nach wie vor in Asien. Den Älteren wird Respekt und Achtung entgegengebracht. Junge Menschen reagieren auf die Mahnungen von Älteren, auch wenn sie keine Vorgesetzten sind. Dieser Respekt wird auch den alten Menschen in Okinawa gezollt, die liebevoll oji-chan genannt werden. Dieser Ehrentitel beinhaltet die Koseform chan. Einmal im Jahr werden sie an einem nationalen Ehrentag gefeiert und im Korso durch Okinawas Städte gefahren. Für die Betagten sind Pfleger und Sozialarbeiter abgestellt, die beratend und helfend den Senioren zur Seite stehen. Es besteht also ein Milieu der Akzeptanz und Wertschätzung, in dem die alten Okinawer leben. Das ist das Gegenteil zu der mitteleuropäischen Situation. Hier jammern Politiker über die Zunahme an älteren Menschen. Sie sehen den Generationsvertrag und das Rentensystem gefährdet. Ständig wird an den Renten manipuliert und Bedenken geäußert, sodass die Menschen dem Alter skeptisch entgegenblicken.

In Japan und Okinawa weiß man noch, dass der jetzige Wohlstand der Gesellschaft der Arbeit und dem Einsatz für das Allgemeinwohl den alten Menschen zu verdanken ist.

Der Glaube kann Berge versetzen... oder gesund erhalten

Gegen Ende des Zweiten Weltkrieges erlebte Okinawa in den letzten Tagen des Krieges eine erbitterte Schlacht. Über 100 000 Okinawer fielen innerhalb weniger Tage den Kriegshandlungen zum Opfer. Trotz oder gerade deswegen bestätigen Wissenschaftler aus Okinawa und Amerika den alten Menschen auf Okinawa eine tiefe Spiritualität und Religiosität. Sie alle sind davon überzeugt, dass sie ihren Platz im Gefüge der Welt haben. Sie erleben sich als Teil eines großen Ganzen. Auch wenn sie die Ordnung nicht voll erfassen können, macht es die Sinnhaftigkeit ihres Lebens aus. Für sie gibt es so etwas wie „Das alles macht doch keinen Sinn" oder die „Sinnlosigkeit des Lebens" nicht. Die Spiritualität und der Glaube waren und sind ein fester Teil ihres täglichen Lebens und machen sie stark. Sie können ihre tägliche Arbeit und ihr zum Teil karges Leben mit Zufriedenheit annehmen. In ihnen lebt die feste Gewissheit, dass das Leben alles Nötige für sie bereit hält und sie die Kraft haben, selbst schwierigste Situationen zu meistern. Zugleich wissen sie sich als geschätzte Mitglieder einer Gesellschaft, auf die sie zurückgreifen können, wenn alle Stricke reißen und sie eine schwierige Situation nicht aus eigener Kraft bewältigen können. Der bekannte Psychoanalytiker und KZ-Überlebende Viktor E. Frankl hat es treffend in die Worte gekleidet: „... trotzdem Ja zum Leben".[14]

Die kritischen Faktoren der Gesundheit im Check bei Erkrankungen

Wenn die Annahmen zu den Top 4 der Gesundheitsfaktoren stimmen, müssten umgekehrt die wichtigsten Krankheiten mit dem Fehlen der Faktoren zusammenhängen. Das bedeutet, dass wir die häufigsten Krankheiten ermitteln müssen. In einem zweiten Schritt bleibt zu klären, welche Krankheiten welche Gesundheitsfaktoren betreffen.

Eine recht interessante Informationsquelle sind die Kranken- und Medikamentenstatistiken der gesetzlichen Krankenversicherer. Hieraus lässt sich eine Rangfolge ableiten.

Die häufigsten Erkrankungen kommen nach dieser Krankheitsstatistik aus dem seelisch-psychischen Bereich. In Zahlen ausgedrückt, wurden im Jahr 2015 in Deutschland 720 Millionen € = 70,2 Millionen Packungen für so genannte Psychopharmaka zur Behandlung seelisch-psychischer Krankheiten ausgegeben.[54] Intern kursiert bei Ärzten die Meinung, dass 70 bis 80 % aller Erkrankungen einen seelischen Hintergrund haben. Diese Fakten machen die Faktoren Psyche - Spiritualität zu den wichtigsten der 4 Gesundheitsfaktoren. An zweiter Stelle der Erkrankungen stehen die Herz-Kreislauf-Erkrankungen, gefolgt von Stoffwechselstörungen, zum Beispiel Diabetes und rheumatische Erkrankungen. Falsche Ernährung und zu wenig Bewegung führen die Ursachenliste an. Die Evolution und ihr Ablauf macht dies erklärbar. In über

3 500 Millionen Jahren Entwicklung traten besonders wichtige Entwicklungsschritte auf. Sie werden in der Wissenschaft als evolutionäre Großübergänge oder „major transition of evolution" bezeichnet. Insbesondere der Vorschlag der englischen Forscher John Maynard Smith und Eörs Szathmáry ist berühmt geworden.[43] Sie zählen sieben Großübergänge auf:
1. Ursprung des genetischen Materials
2. Ursprung des genetischen Codes und seine Übersetzung in Eiweiße
3. Ursprung der ersten Bakterienzellen
4. Ursprung der höheren Zellen
5. Ursprung der Vielzeller
6. Ursprung der Tiergesellschaften
7. Ursprung der menschlichen Gesellschaften

In engem Zusammenhang mit massiven Änderungen des Weltklimas traten vor ca. 600 Millionen Jahren die ersten Vielzeller auf. Der Weg für höher organisierte Lebewesen war frei. Eine sehr junge Entwicklung hingegen ist die der menschlichen Gesellschaften vor 100 000 bis 50 000 Jahren, eine vergleichsweise kurze Zeitspanne. Solche Übergänge sind durch die Einführung einer neuen komplexeren Organisation der biologischen Vorgänge gekennzeichnet. Neuere Organisationswege müssen mit den älteren abgeglichen und integriert werden. So etwas braucht Zeit. Und oft sind die Schnittzonen Ausgang für Probleme, die „Sollbruchstellen" der Evolution. Am anfälligsten für Störungen dürften dann die jüngsten mit noch nicht ausreichender Verzahnung sein. Diese Überlegungen stimmen erstaunlich gut mit den

Top vier der Gesundheitsfaktoren überein.

Der wichtigste Gesundheitsbereich Seele - Psyche - Gesellschaft ist der jüngste Großübergang. Er wird vor ca. 100 000 Jahren angesiedelt. Das Entstehen menschlicher Kulturen ist mit einem massiven Anwachsen der geistigen Fähigkeiten im Vergleich zu den Affen verbunden. Genetisch unterscheidet sich der Mensch vom Affen in nur 4 % des gesamten Erbmaterials. Diese 4 % haben es aber in sich. Sie werden als HAR, als human accelerated regions, Regionen, die das Menschwerden beschleunigen, bezeichnet.[32] Durch sie werden die Sprachentwicklung und die Größe des Gehirns bestimmt. Gleichzeitig nimmt die Zahl der Spiegel- und Spindelnervenzellen, die maßgeblich das Sozialverhalten bestimmen von 16 000 beim Affen auf 78 000 beim Menschen zu.[5] Viele Experten sind sich heute einig, dass die menschliche Weiterentwicklung erst durch die menschliche Kultur/ Gesellschaft möglich wurde. Hier siedeln sich die Faktoren aus der Okinawa-Studie, Rückhalt in der Gemeinschaft, Sinnhaftigkeit des Lebens, Spiritualität und Religiosität an. Ebenso beobachten wir auch, dass psychische und seelische Störungen die Nummer eins der Erkrankungen sind.

Ein deutlich älterer Großübergang ist die Entwicklung der Vielzeller. Damit war eine Spezialisierung der einzelnen Zellen möglich, auch die Leistungsfähigkeit gegenüber Einzellern (die Bierhefe ist ein typischer Einzeller) wurde erhöht. Im Rahmen dieser Neuentwicklung war ein effektives Stützgewebe erforderlich. Es musste den Zellen ermöglichen, dauerhaft an einem Platz zu bleiben und dort seinen besonderen Aufgaben gerecht zu werden. Gleichzeitig mussten Informationen durch das Stützgewebe weitergeleitet werden können, sodass alle Zellen abgestimmt aufeinander wie eine Einheit handeln und reagieren. Beide Aspekte sind im Bindegewebe, der so genannten extrazellulären Matrix, verwirklicht.[22] Das Bindegewebe hält die Zellen im Zellverband, versorgt sie mit Nahrung und Baustoffen und transportiert Stoffwechselschlacken ab. Daneben dient es der Informationsleitung. Die traditionelle chinesische Medizin hat dies erkannt und nutzt solche Informationswege, die sie als Meridiane bezeichnet, zum Beispiel in der Akupunktur.

Neben dem Bindegewebe bildete sich fast zeitgleich der Darm. Zusammen mit einer komplexen Gesellschaft von Bakterien verwertet und bereitet er ansonsten unverdauliche Nahrung auf.[50] Dieser potenziell kritische Schritt bot jedoch den riesigen Vorteil, die Nahrungspalette deutlich zu erweitern. Zudem wurde der Zeitaufwand für Nahrungssuche und Essen deutlich kürzer. So blieb für andere Tätigkeiten Zeit übrig.

Der Aufbau einer solchen bakterienreichen Innenwelt erforderte eine Reihe von Maßnahmen, um den Körper zu schützen. Eine war die Entwicklung einer Abgrenzungsschicht, um die Bakterien dort zu halten, wo sie waren. Die nächste erforderte eine blitzschnell reagierende Truppe von Abwehreinheiten, die den Körper vor dieser potenziell gefährlichen, immens dichten Bakteriengesellschaft schützen sollten. Damit wurde der Darm die wichtigste Trainingsstätte für Abwehrzellen.

Die russische Matrjoschka-Puppe und die Medizin

Ende des 19. Jahrhunderts begann man in Russland, die Puppe in der Puppe in der Puppe zu drechseln. Unter dem Namen Matrjoschka war sie als Spielzeug, Souvenir oder Talisman erhältlich. Die Idee hierfür kommt aus Japan, den Fukurokuju-Puppen, den Puppen des Gottes für Weisheit, Glück und langes Leben. In unserem Zusammenhang ist sie ein Symbol für das Ineinandergreifen des menschlichen Körpers. Von der kleinsten Einheit, der Zelle, bis hin zum gesamten Menschen bilden sie ein Netzwerk. Alles greift ineinander und beeinflusst sich gegenseitig. Der wissenschaftliche Begriff ist hierfür Systeme.[36] Systeme sind abgegrenzte Einheiten, die in der Lage sind, auf äußere Einflüsse so zu reagieren, dass sie ihre innere Organisation und Ordnung aufrechterhalten. Typisch ist, dass sich Ursache und Wirkung nicht geradlinig auseinander ergeben. Vielmehr sind unerwartete Wirkungen, die erst nach Jahren zum Teil übermäßig verstärkt oder ganz woanders auftreten. Systeme reagieren musterartig. Die Wissenschaft bezeichnet die Theorie, die dahinter steckt, als Systemtheorie. Sie hat durchaus in der Praxis einige sehr wichtige Bedeutungen. So entstehen auf den ersten Blick ungewöhnliche Konstellationen: Die Knieschmerzen, die nach Reinigung des Darmes mit Glaubersalz verschwinden. Nach chinesischer Vorstellung stellt der Gallenblasenmeridian die Verbindung dar. Er verläuft an der Innenseite des Oberschenkels zum Knie und dort zum Großzeh. Therapeuten, die mit solchen Überlegungen nicht vertraut sind, verstehen oft nicht die Verkettung von Symptomen und gelangen nicht zum Kern der Störung. Andererseits werden in der Regel die langfristigen Gefahren gesundheitlich unvernünftigen Handelns übersehen.

Störungen treten in der Regel erst nach 10 Jahren auf. Nach 15 bis 20 Jahren werden sie deutlich, um nach 30 Jahren unveränderlich chronisch zu werden. Die Zuckerkrankheit (Diabetes mellitus Typ II b) ist hierfür ein typisches Beispiel. Übergewicht, fehlende Bewegung und falsche Ernährung überfordern nach vielen Jahren die Regulationsfähigkeit des Systems. Die Zuckerkrankheit hat sich etabliert und muss behandelt werden. Jedoch ist nicht nur der Blutzuckerspiegel betroffen, auch Gefäße und das Entzündungssystem sind in ihrer Regulation eingeschränkt. Das System verändert sich musterartig mit Einfluss auf das Verhalten der körperlichen, verhaltensmäßigen und seelischen Ebenen. Oft gibt das Anlass für Missverständnisse zwischen Arzt und Patient. Manchmal sind es auch medizinische Maßnahmen, die in ihrer Fernwirkung nicht voll erkannt werden. Cholesterinsenker vom chemischen Typ der Statine stören den Stoffwechsel des Herzmuskels und vermindern das Vitamin Q10. Q10 ist ein Faktor, der für die Zellatmung wichtig ist. Der Herzmuskel verliert somit einen Teil seiner Leistungsfähigkeit. Dies ist natürlich bei einem vorgeschädigten Herzen gravierend.

Gesundheit weist also systemische und zeitliche Eigenschaften auf.

Wichtig ist es daher, rechtzeitig an seiner Gesundheit zu arbeiten, denn es gilt „Spare in der Zeit, so hast Du in der Not". Lebe sinnvoll in der Jugend, so hast Du keine oder wenig Probleme im Erwachsenendasein. Ein einmal geschädigtes System kommt nicht mehr oder nur mit sehr viel Energie in den ursprünglichen Zustand zurück. Je länger eine Gesundheitsstörung besteht, umso schwieriger ist es, die Schädigung umzukehren. Deshalb ist eine der Grundforderungen in der Medizin, Schädigungen (medizinischer Sprachgebrauch: Noxen) zu vermeiden. Der Asthmatiker, der während der Pollenflugzeit seiner Allergieauslöser ans Meer oder ins Hochgebirge fährt, vermeidet seine Allergienoxe. Wenn überhaupt, treten die Symptome deutlich schwächer auf. Schädigungen können alles Mögliche sein. Eine belastende zwischenmenschliche Situation kann ebenso zu Gesundheitsstörungen führen wie eine Infektion oder ein ungünstiger Arbeitsplatz. Leider lässt sich Vieles, was erforderlich wäre, nicht so gut durchführen, wie es gesagt wird. Oft sind Schädigungen, die aus der Umwelt kommen, schwer beeinflussbar. Das gilt zum Teil für Giftstoffe in Lebensmitteln, Strahlung, Lärm, usw.

Viele finden ihren Weg in die Gesundheit erst nach einer schweren Krankheit, andere ändern erst im Alter von 50 bis 60 Jahren ihr Leben. Boshafte Münder sagen, dass man im Alter das Geld für die Wiederherstellung der Gesundheit ausgibt, das man als junger Mensch unter Schädigung seiner Gesundheit verdient hat.

Unsere gesellschaftliche und berufliche Umwelt ist sicher nicht gesundheitsförderlich. Eher im Gegenteil, und das hängt nicht davon ab, wie viel Geld man verdient. Zu viel lassen wir uns durch gesellschaftliche Zwänge, Mode und Fernsehen/Werbung aufdrängen. Jemand, der 8 Stunden arbeitet, dann noch nach Hause fahren muss, hat als Alleinstehender abends oft wenig Lust, noch zu kochen. Geschweige denn, dass er, was gesund wäre, bis 18:00/19:00 Uhr gegessen hat. Tatsache ist, dass die Probleme langfristig größer werden, wenn wir nicht an unserer Gesundheit arbeiten.

„Habe stets Respekt vor Dir selbst, Respekt vor anderen und übernimm die Verantwortung für Deine Taten."

Dalai Lama

Respekt vor sich selbst, wie der Dalai Lama fordert, bedeutet auch, dass wir unseren Körper sowie unsere Entscheidung nach außen und unsere Gesundheit einschließlich unserer geistigen Gesundheit pflegen. Das ist Arbeit und es ist nicht immer modern. Besonders gilt auch, dass Arbeit an der eigenen Gesundheit nicht eine Aufgabe für später oder wenn man gerade einmal Zeit hat, ist. Die langfristige Entwicklung von Gesundheitsstörungen macht die Botschaft klar und deutlich: Fange so früh wie möglich an, deine Gesundheit täglich zu pflegen. Da sind auch die Eltern gefragt, ihre Kinder frühzeitig an diese Themen heranzuführen. Für sinnvolle Gesundheitsarbeiten braucht man nicht zwingend enorme Geldmengen oder übermäßig viel Zeit. Lew Tolstoi wusste: „Denn es liegt jetzt in meiner Macht, meinem Leben die Richtung auf das Gute zu geben."

Da sind wir selbst mit unserem Verhalten, unserer Vernunft und unserer Konsequenz gefragt. Das Projekt ist einfacher als wir denken, denn nach wie vor gelten die über 2 500 Jahre alten Worte.

„Die Menschen erbitten sich Gesundheit von den Göttern. Dass sie aber selbst Gewalt und Gestaltungskraft über ihre Gesundheit haben, wissen sie nicht."

Demokrit

Das Konzept der vier kritischen Faktoren Ernährung - Verdauung, Bindegewebe, Verhalten und Spiritualität kostet wenig. Die Maßnahmen sind für jedermann handhabbar und effektiv, wie die alten Menschen auf Okinawa und überall auf der Welt zeigen. Erstaunlicherweise muss man auf weit weniger verzichten als viele Menschen befürchten. Letztendlich ist eine kontinuierliche Gesundheitsarbeit billiger, ungefährlich und sicherer, dagegen eine Störung beheben teuer und der Ausgang unsicher. Die alte Volksweisheit, dass vorbeugen besser als heilen ist, bringt es auf den Punkt. Vorbeugende regelmäßige Bewegung ist eindeutig besser als Bluthochdruckmittel zu schlucken oder gar eine Stent-Operation nach einem Herzinfarkt über sich ergehen zu lassen.

In den folgenden Kapiteln sehen wir, wie die vier effektiven Gesundheitsfaktoren zu einer wirkungsvollen Gesundheitsplattform ausgebaut werden können. Eine schöne Hilfe dafür sind die 10 goldenen Regeln des Benediktiner-Altabtes Stephan Schröer:

„Nimm Dir Zeit"

1. Nimm Dir Zeit zum Arbeiten.

Das ist der Preis für den Erfolg.

2. Nimm Dir Zeit zum Nachdenken.
   Das ist die Quelle der Kraft.

3. Nimm Dir Zeit zum Spielen.
   Das ist das Geheimnis der Jugend.

4. Nimm Dir Zeit zum Lesen.
   Das ist das Fundament des Wissens.

5. Nimm Dir Zeit für die Andacht.
   Das wäscht den irdischen Staub von Deinen Augen.

6. Nimm Dir Zeit für die Freude.
   Das ist die Quelle des Glücks.

7. Nimm Dir Zeit für das Liebhaben.
   Das ist das Sakrament des Lebens.

8. Nimm Dir Zeit zum Träumen.
   Das zieht die Seele zu den Sternen hinauf.

9. Nimm Dir Zeit zum Lachen.
   Das hilft, die Bürden des Lebens zu tragen.

10. Nimm Dir Zeit zum Planen.
    Dann hast Du für die übrigen neun Dinge Zeit genug.

Superorganismus Mensch

Vor einigen Jahren prägte der Nobelpreisträger Joshua Lederberg den Begriff Superorganismus Mensch. Er spielte dabei auf die Tatsache an, dass sämtliche Schleimhäute sowie der Darmtrakt und die Haut des Menschen dicht mit Bakteriengemeinschaften besiedelt sind. Eine besonders komplexe Bakteriengesellschaft stellt die Darmflora im Dickdarm dar. Zwar erreicht sie nicht die Menge wie die bei der Kuh - 10^{16} Bakterienzellen (eine 1 mit 16 Nullen), ist aber mit 10^{14} Bakterienzellen immerhin noch das 100 000fache der Gesamtweltbevölkerung.[49] Sie bilden eine hochkoordinierte Gesellschaft, die Hand in Hand fleißig ihre Arbeit für uns verrichten. Dabei stimmen sie sich untereinander und mit uns ab. Zusammen mit dem Dickdarm bilden sie als Dienstleister ein Hochleistungssystem mit vielen Funktionen.[50]

Die Darmbakterien stimulieren nicht nur das Immunsystem, sondern versorgen den Körper mit Energie, regeln den Stoffwechsel einschließlich des Körpergewichtes, steuern das Entzündungs- und Immunsystem sowie eine Vielzahl von Zellprozessen. Auch entgiften sie zum Teil Fremdstoffe oder aktivieren Bestandteile der Nahrung wie pflanzliche Hormone, sodass diese dann ihre Wirkung im Körper entfalten können.

Schon mit der Geburt „erben" die Kinder die Bakteriengrundausstattung von ihren Müttern. Innerhalb weniger Stunden hat

sich dann eine erste Bakteriengesellschaft gebildet. Es dauert 2 Jahre, bis alle wesentlichen Vertreter der Darmbakterien vorhanden sind, die die normale Erwachsenenflora ausmachen und die Florastabilität. Mit der Geburt machen wir uns auf den Weg, uns zu einem Superorganismus zu entwickeln. Dieser Begriff von Joshua Lederberg, zeigt zum einen, dass Nobelpreisträger auch nicht vor Humor gefeit sind und zum anderen, dass hier etwas Besonderes passiert. Im Mutterleib ist das werdende Menschlein weitgehend vor der Umwelt geschützt. Signale erhält es durch seine Mutter gefiltert, die im optimalen Fall alle Schädigungen von ihm abhält. Jedoch beginnend mit dem Geburtsvorgang schließt es eine lebenslange Bekanntschaft und manchmal auch Freundschaft mit den ältesten und unseren Planeten beherrschenden Bewohner, den Bakterien. Sie begleiten uns Zeit unseres Lebens im Guten wie im Schlechten. Es ist daher kaum verwunderlich, dass der erste Kontakt mit den Bakterien eine Initialzündung für eine gigantische Entwicklung ist. Sie verwandelt den Körper und die Psyche des Neugeborenen in eine Megabaustelle. Vom Gelingen und perfekten Arbeit aller „Gewerke" hängt die zukünftige körperliche und seelische Gesundheit des Menschleins ab. Unsere Großmütter hatten das viele jahrhunderte alte Wissen, dass die ersten 3 Jahre und hier insbesondere die 3 ersten Monate von besonderer Wichtigkeit sind. „Was das Hänschen nicht lernt, lernt der Hans nimmermehr."
In diesem Entwicklungszeitfenster werden (Fachbegriff: Developmental Programming of Health and Disease zu Deutsch: Entwicklungsbedingte Programmierung von Gesundheit und Krankheit)[45] unter Mitwirkung unserer bakteriellen Mitarbeiter

die noch losen Enden des Immunsystems, des Hormonsystems, des Stoffwechsels und des Nervensystems sowie der Psyche zu einer Einheit verknüpft.

Große internationale Studien belegen, dass überdurchschnittlich häufig die Kaiserschnittgeburten in eine Fehlsteuerung des Darmbakteriensystems und der Abwehr münden. Der Grund liegt in der veränderten Entwicklung der Darmflora, der die natürliche Bakterienbesiedlung mit den Keimen der Mutter fehlt. Ebenfalls wird durch den frühzeitigen und häufigen Einsatz von Antibiotika die Ausbildung einer normalen Darmbakterienflora und eines stabilen Immunsystems und Stoffwechsels gestört. Häufig darf sich das Kind später mit Allergien oder Übergewicht herumärgern. Auch während des ganzen Lebens ist der Darm das Trainingscamp für das Immunsystem und die Darmbakterien sind die Übungspartner der Abwehrzellen.[49] Denn für die Abwehrzellen gilt wie im Leben: Stete Übung hält fit. Trainingspartner sind normale Darmbakterien wie Colibakterien und Laktobazillen. Sie halten das Immunsystem in ständiger Reaktionsbereitschaft und balancieren es aus, sodass Allergien im Allgemeinen nicht auftreten. Die im Darm ausgebildeten Abwehrzellen bleiben nicht vor Ort, sondern wandern zu anderen Schleimhäuten wie der Nasenschleimhaut. Dort schützen sie als gut ausgebildete Mitstreiter vor Infektionen.

Vielfach wird der Dickdarm lediglich als Abfallrohr angesehen. Die Arbeit der Darmbakterien wird im besten Fall ignoriert, eher aber verteufelt. Dies trifft jedoch in keinster Weise für ihre Tätigkeit zu. Der Dickdarm wirkt zusammen mit den Darmbakterien als Hochleistungsfermenter. Hier werden immense Dienstleistungen für den

Körper erbracht. Viele komplexe Kohlenhydrate aus pflanzlicher Nahrung widersetzen sich der Verdauung im Dünndarm. Das sind zum Beispiel die Pektine aus Äpfeln und Birnen. Im Dickdarm werden sie Stück für Stück aufgeschlossen. Ein wohlorganisiertes Konsortium von Bakterien baut in einem sorgfältig geregelten Prozess diese Kohlenhydrate zu den wichtigen Stoffwechselprodukten Essigsäure, Propionsäure und Buttersäure ab. Auch Gase wie Wasserstoff, Kohlendioxid, Stickstoff und Methan werden dabei produziert. Übermäßige Gasbildung und damit Blähungen entstehen durch nicht optimal verlaufende Abbauprozesse.[50]

Mindestens 15 % der täglichen Gesamtmenge an Energie, wahrscheinlich aber deutlich mehr, stellen die Darmbakterien über Essigsäure bereit. Energiekunde Nummer eins ist das Gehirn, gefolgt vom Herz und der gesamten Muskulatur. Ohne dieses bakterielle Kraftwerk müsste der Mensch sehr viel mehr Zeit für die Nahrungsaufnahme und -beschaffung aufwenden. Auch dürfte dann der Körper des Menschen anders aussehen.

Die zweite gebildete Säure, Propionsäure, bestimmt im Körper den Stoffwechsel mit. Insbesondere der Zucker- und Fettstoffwechsel sind betroffen und damit unter Umständen auch das Körpergewicht. Ein ungünstiges Verhältnis von Essig- und Propionsäure kann zu Fettstoffwechselstörungen, Diabetes und Übergewicht beitragen. Ein Aspekt, der in den meisten Abnahmediäten nicht berücksichtigt wird.

Die Buttersäure ist der Brennstoff für Dickdarmschleimhautzellen.

Damit unterstützt sie die Funktionsfähigkeit der Dickdarmschleimhaut. Diese ist nach der Niere ebenfalls zuständig für den Wasserhaushalt. Kleine Kinder oder alte Menschen sind daher bei Durchfall durch den Wasserverlust mit Austrocknung gefährdet. Neben dem Wasserhaushalt beteiligt sich die Darmschleimhaut vor Ort an der Entgiftung schädlicher Substanzen.

Buttersäure wirkt noch an weiteren Stellen im Körper. Besonders hervorzuheben ist ihr Einfluss auf die Umsetzung genetischer Information. Dadurch kann Buttersäure in gewissem Maße vor Krebs schützen.[51] Ebenso steuert sie Entzündungs- und Immunreaktionen sowie den oxidativen Stress, die Bildung aggressiver Substanzen, die Zellen und körpereigene Moleküle schädigen. Interessant ist auch die positive Wirkung auf das Langzeitgedächtnis.

Eine weitere Arbeit haben unsere Darmmikrobiologen übernommen. Sie bearbeiten Pflanzenstoffe und verändern sie. Indem sie hier und dort einen chemischen Teil verändern, hinzufügen oder abschneiden, entstehen aktive Stoffe, die im Körper ihre Wirkung entfalten. Ein bekanntes Beispiel sind Pflanzenhormone wie die Sojaöstrogene.

Allerdings reagiert die mikrobiologische Gesellschaft im Darm sauer, wenn der Mensch ihre Lebensbedingungen verschlechtert. Werden ihre Essensportionen schmaler oder das bevorzugte Essen durch ein weniger beliebtes ersetzt, machen sie sich bemerkbar. Auch eine Schädigung der Darmschleimhaut durch Ärger, Stress oder Medikamente begeistert die Bakterien genauso wenig, als wenn ihnen Antibiotika ins Essen geschüttet werden. Sie revanchieren sich mit Durchfall oder langfristig mit Blähungen und Bildung schädlicher Stoffwechselprodukte, die den Körper durch Entgiftungsarbeit belasten.[50]

Einige Bakterien zerfallen insbesondere bei Mangelbedingungen unter Freisetzung von Bruchstücken (Endotoxinen). Endotoxine, weiß man, können im Körper Entzündungsreaktionen massiv anheizen und an zentraler Stelle in die Steuerhebel des Immunsystems eingreifen. Das kann bei Krankheiten wie der Fibromyalgie, Migräne bis hin zum Krebs akute Krankheitsschübe auslösen. Endotoxine stellen auch dann ein Problem dar, wenn sie im Bindegewebe die Poren des Ultrafilters Bindegewebe verstopfen (vgl. Kap. Bindegewebe). Zudem dürften Endotoxine eine bedeutsame Rolle bei Alterungsprozessen (Fachbegriff: inflamm aging) spielen. Zwar wird auch der Gesunde mit Endotoxinen konfrontiert, jedoch in deutlich geringerem Maße. Zudem kann er besser damit umgehen.

Darum sollte man sich bei der Ernährung auch an die Darmbakterien erinnern, die immerhin einen erheblichen Teil des Superorganismus Mensch ausmachen. Nicht umsonst riet unlängst der amerikanische Wissenschaftler Jeffrey Gordon „Honor thy symbionts" –„ Ehre Deine Darmbakterien".

Damit die Balance zwischen Darmbakterien und Körper nicht aus dem Ruder geht, sind die Darmbakterien vom Körper durch eine flexible Barriere, der Darmschleimhaut, geschützt. Diese nimmt die Aufgabe wahr, die Bakterien im Darminneren zurückzuhalten. Dabei wird sie von dem Immunsystem des Darmes unterstützt. Ein Film von Abwehrkörpern, das sIgA (sekretorisches Immunglobulin A), legt sich auf die Schleimhaut. Krankheitserreger geraten in diesen Film und werden abgefangen, bevor sie die Schleimhautzellen erreichen. Zum weiteren Schutz bilden die Schleimhautzellen Schleim. Er wirkt sowohl gegen mechanische Verletzungen als auch gegen Krankheitserreger.

Erst einmal in die Blutbahn gelangt, würden sie einen Abwehrsturm hervorrufen. Nacheinander geschaltete Entgiftungsstationen werden bei vermehrter Durchlässigkeit der Darmbarriere tätig. Sie vergrößern sich und filtrieren die anströmende Lymphe langsamer. Eine der größten Entgiftungsstationen befindet sich in der Darmwurzel, dem Gekröse. Wird ihre Kapazität überfordert, bildet sich ein Stau aus, es entsteht ein so genanntes Radixödem. Der Stau in der Darmwurzel verändert die Bauchform.[33] Bei Männern beginnt die Veränderung um den Bauchnabel, bei Frauen ist eher der Unterbauch betroffen. Der Wiener Arzt F. X. Mayr, bekannt durch seine Milch-Semmel-Diät, verstand diese Zusammenhänge und beschrieb sie.

Das wichtigste und einfachste Mittel zur Abhilfe ist die Bauchselbstmassage. Mit ihr kann man bei regelmäßiger Anwendung den Lymphstau abbauen. Schön ist auch der optische Effekt. Der Bauch wird flacher. Zugleich nehmen die Blähungen ab und der Stuhlgang wird regelmäßiger, da auch der Übergang vom Dünn- zum Dickdarm, ein Muskelring, der zu Verspannungen neigt, mit massiert und gelockert wird.

Dieser Muskelring (Bauhin'sche Klappe) gehört zu den kritischsten Punkten im Bauch. Ärger, Anspannung, Belastungen und Hektik machen sich sofort an diesem Hypersensibelchen bemerkbar. Er verkrampft sich. Dadurch wird er seiner Aufgabe, den Rückstrom von gärendem Dickdarmnahrungsbrei in den Dünndarm zu verhindern, nicht mehr gerecht. Übelkeit, Oberbauchblähungen und Krämpfe bis hin zu Herzstichen sind typisch. Mancher fühlt sich gar einem Herzinfarkt nahe. Mittel der Wahl ist die Lösung dieses Muskelrings durch Physiotherapie oder Osteopathie. Durch täglich zwei bis drei Minuten Bauchselbstmassage werden Blockaden zwar nicht verhindert, aber sie lassen sich rascher auflösen.

Jeder Einzelne kann ganz erheblich durch sein Verhalten zur Stabilität der Darmschleimhautbarriere als auch zur vernünftigen Funktion der Bauhin'schen Klappe beitragen.

Vom Essen

Seit vielen Jahrtausenden wissen die Menschen von der Bedeutung der Ernährung. Unzählige Sprichwörter auf der ganzen Welt belegen das. Mindestens genauso wichtig, auch dafür sind die Mahnungen unzählig, ist das Verhalten, was die Ernährung und das Essen angehen. Vor nahezu 2 300 Jahren warnte in der Bibel der Prophet mit dem Namen Jesus Sirach gleich zweimal vor der Unmäßigkeit beim Essen (Sirach 31/12 ff. und 37/30 ff.): „Überfriss dich nicht, wenn es dir schmeckt ... Denn viel Fressen macht krank ... Viele haben sich zu Tode gefressen; wer aber mäßig isst, der lebt desto länger."

In Japan und Okinawa gilt als Grundregel für ein gesundes und langes Leben, den Magen nur zu 8/10 zu füllen. „Hara hachi bu" sagt man dazu. Auch Pfarrer Kneipp warnte vor übermäßigem Essen. Schon bei einem Sättigungsgefühl habe man zu viel gegessen, meinte er. Und tatsächlich hinkt das Sättigungsgefühl der tatsächlichen Sättigung hinterher.

Die wissenschaftlichen Hintergründe für den Gesundheitswert der Ernährung hatte 1930 der amerikanische Wissenschaftler MacCay erkannt: In großen Versuchsreihen hatte er ermittelt, dass 20 % weniger Kalorien bei Versuchstieren das Leben verlängert. Er fasste das Ergebnis seiner Experimente so zusammen: „Die Kalorienreduktion um 20 % ist die einzige Möglichkeit, das Leben von Säugetieren zu verlängern." Das gilt auch für den

Menschen. Der älteste noch lebende Mann, Israel Kristal, wurde 2016 114 Jahre alt. Er demonstrierte ungewollt, daß eine längere Hungerphase genauso wirken kann wie kontinuierliche Kalorienverminderung oder „Dinner cancelling". Er überlebte die extreme Hungerzeit in einem Konzentrationslager. Vermutlich sind zwei wichtige biologische Mechanismen hierfür verantwortlich. Zum einen das „friss nicht so viel" System, wissenschaftlich auch TOR-System genannt.[27]

Der mTOR-Komplex lässt zu, dass bei guter bzw. üppiger Ernährung der Zellstoffwechsel auf Hochtouren läuft und sich schädliche Stoffe in den Zellen anhäufen und Muskulatur und Blutgefäße schwächer werden. Alterskrankheiten bekommen Hochkonjunktur. Hingegen hilft Hungern diesen Komplex abzustellen. Alternde Zellen verschwinden wie Geister aus dem Körper der insgesamt gesünder bleibt.

Ein weiterer Weg, uns zu schützen, ist die Aktivierung von Reparatursystemen der Zellen, dem Sirtuin-System.[24] Bei einer leichten Unterversorgung schickt der Körper Reparaturenzyme ins Rennen und vermindert gleichzeitig die normale Bildung von freien Radikalen. Freie Radikale haben im Körper eine wichtige Funktion. Sie entspannen Gefäße und verhindern so zu hohen Blutdruck. Sie helfen beim Einschlafen und der Wundheilung. Für die Abwehrzellen sind sie unentbehrlich im Kampf gegen Bakterien, Viren und Pilze. Im Übermaße verursachen diese aggressiven Substanzen biochemischen Stress und zerstören schneeballartig Biomoleküle im Körper und führen so zu einer Vielzahl von Problemen. An Alterungsprozessen, Gefäßerkrankungen (Arteriosklerose), Diabetes und einer Vielzahl anderer sind freie Radikale beteiligt. Werden weniger aggressive Substanzen gebildet, läuft der Stoffwechsel reibungsloser, fast wie geschmiert. Führt man zu viele Kalorien insbesondere als Zucker zu, steigt der Blutzucker rasch über 120 mg %. Das löst erheblichen Stress aus. Wird gleichzeitig auch noch viel Fett mit aufgenommen, verstärkt sich das Problem.

Diese Form der Ernährung führt neben einer Fehlregulation der oben vorgestellten zwei Mechanismen zur Störung des dritten Weges. Bestimmte Zellfaktoren (Nrf2) sind zuständig, den Körper vor den bereits beschriebenen freien Radikalen zu schützen und Chemikalien zu entgiften. Ihre Schutzwirkung wird als antioxidativ bezeichnet. Essen wir genügend Obst, Gemüse und Gewürze fördern wir durch Pflanzenschutzstoffe wie rote, gelbe und blaue Farbstoffe die Bildung des Zellschutzfaktors Nrf2. Hierdurch werden eine Reihe weiterer antioxidativ wirkende Stoffe in der Zelle gebildet und Schädigungen an den Gefäßen usw. werden in Grenzen gehalten. Diesem biologischen Mechanismus kommt die Gewohnheit z. B. der Menschen auf Okinawa entgegen in den Mahlzeiten vier Farben zu berücksichtigen.[52] Die Okinawa-Diät aber auch die mediterrane Diät von Griechen und Italienern unterstützt sowohl den Nrf2-Pfad als auch die Aktivierung von Sirtuinen. Zu den Nrf2 stimulierenden Lebensmitteln gehören: Kohlsorten wie Brokkoli, Blumenkohl, Grünkohl und Weißkohl, Beeren wie Weintrauben, Heidelbeeren und Blaubeeren aber auch Nüsse, Schokoladen, Oliven, Granatapfel und grüner Tee. Die positiven Wirkungen sind umfassend und zeigen sich an Hirn, Herz, Nerven, Augen, Prostata, Leber usw. Nicht zu vergessen, führt Bewegung zu einer höheren Aktivität von Nrf2.

Im Klartext: In der heutigen Gesellschaft ruiniert sich ein Großteil der Menschen seine Gesundheit und verkürzt sich sein Leben mit süßen Giften, opulenten und fetten Mahlzeiten. Nicht zuletzt schadet er sich auch durch ein Leben als Sofakartoffel (couchpotato) sprich: Bewegungsfaulheit.

Die Gewöhnung an übermäßig Süßes erfolgt schon im Babyalter. „Softdrinks" oder süße Tees tragen dazu bei. In den letzten 100 Jahren hat sich die Kalorienmenge, die mit einer normalen Mahlzeit (Kaloriendichte) aufgenommen wird, verdoppelt. Von 90 kcal je 100 g hat sich die Kaloriendichte auf 180 kcal je 100 g gesteigert.[50] Trotz einer recht eindeutigen Beweislage und viel Öffentlichkeitsarbeit besteht nach wie vor eine erhebliche Unkenntnis. Allgemein scheint leider auch manchem Arzt unklar zu sein, dass man an den Folgeschäden von Ernährungsstörungen sterben kann. Nach wie vor führt der Tod durch Gefäßerkrankungen, als überwiegend ernährungsbedingte Störungen, die Sterblichkeitsstatistik an, nicht Krebs. Allein das Wissen reicht nicht:

„Es ist nicht genug, zu wissen, man muß es auch anwenden; es ist nicht genug, zu wollen, man muß es auch tun."
Wolfgang Goethe

Hinzukommen weitere Ernährungsverhalten, die der Gesundheit schaden. Dazu zählen in erster Linie ungenügendes Kauen, Hektik beim Essen und unregelmäßige Mahlzeiten.

Anfang des 20. Jahrhunderts führte der Wiener Badearzt F. X. Mayr die bekannte Milch-Semmel-Diät ein.[33] Er hatte beobachtet, dass die meisten seiner Patienten ungenügend kauen. Das verhindert eine gründliche Durchmischung des Speisebreis mit dem enzymhaltigen Speichel. Schon im Mund beginnt eine Vorverdauung. Selbst sorgfältig gekaute Nahrung bleibt stundenlang im Magen und puffert die Magensäure ab. Die Wachstumshemmung der verschluckten Bakterien nimmt ab. 1921 ermittelten Ärzte der Universität Erlangen die Verweildauer von Nahrung im Magen.[13] Sie reicht von einer bis zwei Stunden für Wasser bis hin zu vier bis fünf Stunden für gebratenes Rindfleisch. Die Autoren der Studie kommen zum Schluss, dass viele Magen-/Darmkrankheiten im Mund anfangen, wenn nicht genügend und langsam gekaut wird. Durch Bakterien, die aus Harnstoff oder Eiweißbausteinen Ammoniak bilden, wird die Magenschleimhaut geschädigt. Je länger nun Nahrungsbestandteile im Magen bleiben, desto mehr wird diesem Mechanismus Vorschub geleistet. Auch der Dünndarm tut sich schwer, größere Nahrungsbrocken mit seinen Verdauungssäften aufzuschließen, die dann unverändert im Dickdarm landen. Ein gefundenes Fressen für eine Reihe von Darmbakterien. Der Abbau geschieht dann nicht mehr koordiniert. Der bakterielle Stoffwechsel begibt sich auf Abwege. Für den Körper schädliche Produkte werden bei dieser Fäulnis gebildet und belasten die Entgiftung mit zusätzlicher Arbeit. Die Auswirkungen machen sich im ganzen Körper bemerkbar. Offensichtlich besteht ein enger Zusammenhang von ungenügendem Kauen und Übergewicht. Den kann man sehr schön bei den Mitgliedern der International Federation of Competitive Eating (Internationale Gesellschaft für wettbewerbsmäßiges Schnellessen) beobachten. Da werden wettbewerbsmäßig Hamburger, Pizza oder Würste in einer affenartigen Geschwindigkeit mit den Händen von den Teilnehmern in sich hineingestopft und heruntergewürgt, dass das unbedarfte Gemüt sich erschreckt und mit Grausen von dem Geschehen abwendet. Auch das Nichtmitglied geht bei manchem „fast food" und „finger food" Gefahr, sich in einen Würgschlingstopfer zu verwandeln. Manche dieser Gerichte ermöglichen es beim besten Willen nicht, kleine Bissen zu nehmen, wenn man sie nicht großzügig auf sich und Umstehende verteilen will.

Zwar war F. X. Mayr nicht mit solchen Gefahren konfrontiert, aber auch damals war Kauen ein kritischer Befund. Kern seiner Milch-Semmel-Diät ist das Einüben einer sorgfältigen Kauhygiene.[33] Allein sorgfältiges Kauen reicht oft schon aus, um Magen-Darmbeschwerden zu verhindern. Gleichzeitig tut man etwas für seine Figur. Zwar ist die Gewichtsabnahme nicht rasant, dafür aber gleichmäßiger und anhaltender.

Hektik und Unruhe beim Essen verhindern in aller Regel sorgfältiges Kauen. Ebenfalls wirkt sich Hektik und Unruhe auf die Bauhin'sche Klappe aus. Hektik wirkt auf das autonome Nervensystem ein. Die Balance zwischen Entspannung und Anspannung wird verschoben. Die Spannung führt zur vermehrten Aktivität und damit Blockade der Bauhin'schen Klappe. Diese schließt dann nicht richtig, so dass gärungsaktiver Dickdarminhalt in den Dünndarm zurückfließt. Hier angekommen, machen sich Milliarden von Bakterien daran, den Dünndarmnahrungsbrei zu vergären.

Erstaunlich große Gasmengen können dann entstehen und sich als Blähungen bemerkbar machen. Blähungen sind generell das Ergebnis nicht koordinierter bakterieller Arbeit.

Nicht der Körper sondern die Darmbakterien zeichnen für Blähungen verantwortlich. Die auslösende Situation ist allerdings nicht bei den Bakterien sondern beim Menschen zu suchen. Der negativen Auswirkung von Hektik steht der positive Einfluss von Sorgfalt und Liebe entgegen. Beim Einkaufen stellt man leider sehr oft fest, dass Lebensmittel mit Gleichgültigkeit lieblos ausgesucht und behandelt werden. Lebensmittel werden achtlos in den Einkaufswagen oder auf das Kassenlaufband geworfen. Das Kochen geht auch nur noch schnell, schnell. Das Endprodukt, das Gericht, wird dann mit gleicher Haltung verzehrt. Da wundert es nicht, wenn es dem Verdauungstrakt den Appetit verschlägt.

„Mein Kind, prüfe, was für deinen Leib gesund ist, und sieh was für ihn ungesund ist, das gib ihm nicht. Denn nicht alles ist jedem nützlich, auch mag nicht jeder alles."
Jesus Sirach 37/30/31

Auch dieses Thema wird von Gefühlen, Fehlinformation und Meinungen mehr diktiert als von vernünftigem Wissen. Gerade in den letzten Jahren wird eine Vielzahl von eiweißreichen und kohlenhydratarmen Diäten wie „Low Carb" beworben. Ebenfalls ist die Diskussion vegetarische oder gemischte Ernährung nach wie vor kontrovers.

Die Ernährung sollte ausgewogen sein und den Körper mit den Grundbaustoffen, Mineralien, Vitaminen und Spurenelementen versorgen.

Der Mensch ist jedoch ein Superorganismus. Neben dem Körper mit seinen Ernährungsansprüchen wird das System der Darmbakterien mit seinen Bedürfnissen in aller Regel vergessen. Nicht nur, dass die Darmbakterien auch Nahrung brauchen, sollen sie ja für den Menschen eine Vielzahl von Stoffwechselprodukten bereitstellen. Gleichzeitig sollten sie möglichst wenige schädliche Stoffe bilden.

Umfangreiche gentechnische Untersuchungen der Darmflora des Menschen, Alles- und Früchteverwertern haben ein klares Bild gezeigt. Die amerikanische Wissenschaftlergruppe um Professor Gordon konnte nachweisen, dass die menschliche Darmflora am ehesten mit der Darmflora eines „Allesverwerters" übereinstimmt. Das setzt ganz klar voraus, dass wenig Eiweiße von vielen komplexen Kohlenhydraten wie Pektine aus Obst und veränderter Stärke in dem Dickdarm ankommen.

Gegen den Ausschluss von stärkehaltigen Lebensmitteln sprechen auch noch andere Gründe. Dabei können Wissenschaftler auf das entschlüsselte menschliche Erbmaterial zurückgreifen und mit dem Erbmaterial anderer Tiere vergleichen. Eine der auffälligsten genetischen Unterschiede zu anderen Primaten, den nächsten Verwandten des Menschen, ist, dass das Stärke abbauende Enzym Amylase beim Menschen in mehrfachen Kopien vorliegt.[32]

Durch diesen Entwicklungsschritt eignen sich Lebensmittel wie Brot, Nudeln, Kartoffeln, Reis usw. sehr wohl für die menschliche Ernährung. Hinzu kommt, dass einmal gekochte und erkaltete stärkehaltige Lebensmittel ihre chemische Struktur verändern. Sie sind nur noch teilweise von der Amylase verdaubar. Der Rest wandert in den Dickdarm und stellt ein ideales Bakterienfutter. Das Dankeschön ist eine optimale Versorgung des Körpers mit Energie und stoffwechselregulierenden Substanzen. Ebenfalls werden Regulatoren der Genübersetzung und der Steuerung von Immun- und Entzündungsreaktionen angeliefert.

Zur ausgewogenen Ernährung gehört es auch, reichlich Kräuter und Gewürze einzusetzen. Obst und Gemüse in möglichst bunter Mischung hilft, mit seinen Pflanzenfarbstoffen und Inhaltsstoffen den Körper zu regulieren. Einige Gewürze wie das Kurkuma der Gelbwurzel haben sogar als Antikrebsmittel Karriere gemacht. In Korea trinkt man traditionell Tee mit Zimt nach dem Essen, um einen übermäßigen Anstieg des Blutzuckers zu verhindern. Viele weitere Beispiele könnten hier angeführt werden, wie die Gewürzmischung Koriander, Fenchel, Anis oder Kümmel zur besseren Verträglichkeit von Roggenbrot. Auch die Gewürze Lorbeer, Senfsamen, Wacholder und Kümmel lassen das gesunde Sauerkraut besser munden. Diese Punkte werden von der internationalen Krebsstudie des Weltkrebsforschungsfonds bestätigt.[55] Neun anerkannte Institutionen analysierten fast 500 000 wissenschaftliche Studien zur Krebsvorbeugung. Die Essenz der Analyse ist die überwiegend pflanzliche Ernährung mit Obst und Gemüse sowie stärkehaltigen Lebensmitteln. Fleisch, besonders rotes Fleisch oder Wurstwaren, sollten nicht 400 g in der Woche überschreiten. Hingegen ist der gesundheitliche Wert von Ölen wie z. B. Fischöl, das Omega 3-Öl, weitgehend anerkannt. Über seine vorbeugende Wirkung für viele Krankheiten unter anderem Krebs oder Multiple Sklerose wird in der Literatur immer wieder berichtet.

Augenmerk der Nahrung ist dabei auf die Energiedichte, das heißt Kalorien insgesamt je 100 g Nahrung, zu richten, die möglichst niedrig sein sollte (unter 120 kcal/100 g).

Das grenzt zuckerhaltige Getränke wie Softdrinks, Süßigkeiten und „fast food"-Produkte aus. Hingegen sind Kräuter, Gewürze und so genannte sekundäre Pflanzenstoffe, wie der gelbrote Pflanzenfarbstoff Carotin hilfreich. Die Studie empfiehlt darüber hinaus Vitamine, Mineralien und Spurenelemente über natürliche Lebensmittel zu decken.

Von erheblicher Wichtigkeit ist die Qualität der Lebensmittel. Allen Tests zum Trotz finden Wissenschaftler wie der ehemalige Professor für Landwirtschaft und Gartenbau der Universität Weihenstephan, Professor Hoffmann, erhebliche Unterschiede bei Lebensmitteln.[23] Die Anzahl der Karpfen im Karpfenteich bestimmt ihre biologische Wertigkeit ebenso wie und wie lange Gemüse und Obst reifen können. Ebenso nimmt die Qualität von Obst und Gemüse zu, wenn nicht zu viel Obst auf dem Baum bzw. Gemüse je Quadratmeter Acker reift. Neue Trends im Weinbau nutzen das. Großzügig werden Weintrauben weggeschnitten, um nur wenige reifen zu lassen. Der Wein aus diesen Ernten gilt als exzellent. Im Gegensatz dazu lassen zu viele Ernten, zu dichte Anpflanzung und zu hoher Einsatz von Düngemitteln die Qualität des Gemüses und Obstes sinken.

In Okinawa ist das Wissen um solche Dinge noch bei den Senioren bekannt. Sie achten darauf, dass in einer Mahlzeit mindestens vier unterschiedlich farbige Gemüse enthalten, frisch und qualitativ hochwertig sind: Ihr Schutz vor vorzeitigem Altern und Krankheit. Ihr Ernährungsrezept für eine lang anhaltende Gesundheit ist eine hauptsächliche pflanzliche kalorienarme Kost mit vielen komplexen Kohlenhydraten.

Was den Menschen im Innersten zusammenhält

Das Bindegewebe ist wahrscheinlich das älteste große biologische System. Es ist keine zu kühne Behauptung, dass wir ohne das Bindegewebe nicht existieren würden. Auch Gesundheit ist ohne ein ordentlich funktionierendes Bindegewebe schwer denkbar. Am Anfang hatte es lediglich die Aufgabe, Zellen einen Halt zu bieten. Zellen wurden unter Aufgabe ihrer Bewegungsfreiheit sesshaft. Als frei bewegliche einzelne Zellen waren sie unabhängig und autarke Selbstversorger. Jedoch mit größer werdenden Zellverband wurde die Selbstversorgung schwieriger und nach und nach in den Hintergrund gedrängt. Schrittweise übernahm das Bindegewebe diese Aufgabe und wurde so zum roten Faden im Körper. Zunehmend entwickelte sich das Bindegewebe zu einer hochkomplexen Struktur. Fädige Moleküle sind dreidimensional miteinander verflochten und formen so ein Raumnetz. Nachdem das Bindegewebe beim Menschen 30 % des Körpergewichtes ausmacht, ist es das größte Organ. Auch ansonsten wartet es mit einigen Superlativen auf.[22]

Das Raumnetz beherrscht eine Vielzahl von Fähigkeiten. Dazu zählt die enorme Wasserspeicherkapazität als auch die Eigenschaft, es wieder abgeben zu können. Mit dem Gewebswasser werden Nahrungsstoffe, Mineralien, Hormone usw. zu den Zellen transportiert. Gleichzeitig transportiert es Informationsmoleküle aber auch die Reste des Stoffwechsels der Zellen ab. Das „Manko" des Bindegewebes ist jedoch, dass es das Gewebswasser nicht selbst bewegen kann. Es hat sozusagen keinen eigenen Motor. Um einen ständigen Zu- und Abfluss des Gewebswasser zu garantieren, ist das Bindegewebe auf die Hilfe der Muskeln angewiesen. Durch ständige Anspannung und Entspannung wird das Gewebswasser passiv durch den Körper gepumpt. Wie Ebbe und Flut wird so das Bindegewebswasser durch das Raumnetz des Bindegewebes bewegt. Der Umsatz des Bindegewebswassers ist bei schlanken Menschen, die sich viel bewegen, hoch. Entsprechend werden die Zellen gut versorgt. An Stellen der Muskelverhärtung oder im kaum aktiven Muskel dümpelt das Gewebswasser vor sich hin. Das bedeutet für die Zellen, dass ihre Schlacken nicht abtransportiert werden, sondern sie quasi im eigenen Dreck ersticken. Die zumeist sauren Endprodukte des Stoffwechsels haften an die Bausteine des Bindegewebes. Das wird chemisch verändert und nimmt neue chemische und physikalische Eigenschaften an. Kommt nun auch noch dadurch eine vermehrte Durchlässigkeit der kleinen Gefäße hinzu, so tritt Eiweiß aus den Kapillaren ins Bindegewebe. Das verstopft an solchen Stellen das Bindegewebe komplett. Auch bakterielle Stoffwechselprodukte, insbesondere Endotoxine aus dem Darm, sind perfekte „Verstopfer". In der Folge verfestigt sich das halbflüssige Bindegewebe zu einer puddingartigen Konsistenz. Natürlich sind dann viele seiner Fähigkeiten aufgehoben. Die Möglichkeiten der Grundregulation des Körpers sind eingeschränkt bzw. aufgehoben. In der Regel schickt nun der Körper Entzündungszellen, um das Geschehen einzudämmen. Daraus bildet sich ein Teufelskreis. Man bedarf keineswegs eines Medizinstudiums, um sich darüber klar zu werden, dass hier der Boden für verschiedenste Krankheiten entsteht. Je großflächiger die Bindegewebseinschränkungen sind, desto schlechter ist es mit der Grundregulation des Körpers bestellt. Die Entzündungsreaktionen machen sich dann unter anderem mit Schmerzen bemerkbar. Ein typisches Beispiel sind die Muskelverhärtungen. Die Mediziner reden von Myogelosen. Charakteristisch ist für sie die örtlich begrenzte Unterfunktion des Bindegewebes. Über die Nervenreizung durch saure Stoffwechselprodukte verkrampft sich der so betroffene Muskel über große Bereiche. Bewegungsmangel und Verspannung tragen so zu dem Geschehen bei. Bei sportlich aktiven Menschen wird das Bindegewebswasser mit höherem Druck durch das Gewebe gedrückt und hilft, Störungen im Bindegewebe abzubauen.[28]

Neben dem Strom des Gewebswassers durch das Raumsieb trägt ein delikates Gleichgewicht zur optimalen Funktion des Bindegewebes bei. Hier befindet sich der Arbeitsplatz von entzündungshemmenden und entzündungsfördernden Botenstoffen. Ihr Gleichgewicht entscheidet über eine kontinuierliche und optimale Erneuerung des Bindegewebes. Unterstützt wird die Bindegewebsregulation auch durch das autonome Nervensystem. Das autonome Nervensystem ist nur sehr eingeschränkt willentlich zu beeinflussen. Es regelt z. B. Blutdruck, Herzschlag und Verdauung. Der Sympathikus wirkt entzündungsfördernd, während der Parasympathikus entzündungshemmend tätig wird. Der Sympathikus leitet über das Gehirn ausgelösten Stressalarm ins Bindegewebe. Dort fein verästelt führt er zu großflächigen Entzündungen und damit auch zur Einschränkung des Gewebswasserflusses. Langfristig merkt sich das Gehirn diese Schmerzen. Später reicht allein der Gedanke, um eine Entzündung oder Schmerzen hervorzurufen. Das Gehirn hat sich von dem ursprünglichen Reiz unabhängig gemacht. Es löst einen „neurogenen" Schmerz aus. Eine Reihe von Erkrankungen wie die Multichemikalienempfindlichkeit (MCS) wirken auf dieser Schiene. Alle Formen des Stresses können daher über den Einfluss der Psyche das Bindegewebe in seiner Regulation aushebeln. Dazu gehören auch unter anderem chronische Belastungen durch Zahnherde, Operationsnarben, Fehlernährung und eine gestörte Darmflora sowie Umweltgifte.

Eine erheblich eiweißreiche Kost kann das Bindegewebe an die Grenze seiner Regulationsfähigkeit bringen. Wissenschaftlich belegt sind die Veränderungen der Haargefäße durch übermäßigen Eiweißverzehr. Die Gefäße kommen nicht mehr klar. Ihre Gefäßwand verdickt sich. An der Außenwand lagern sich Eiweiße an und behindern den Weg des Gewebswassers von und zu den Haargefäßen.

Die größte Belastung dürfte jedoch von uns selbst ausgehen. Die meisten Menschen sind Bewegungsmuffel. Die überwiegende Zahl der Deutschen ist weniger als 30 Minuten pro Tag auf den eigenen Beinen unterwegs.[28] Über mindestens 2 Millionen Jahre waren der Mensch und seine Vorläufer mehrere Stunden am Tag in Bewegung. Dadurch war das Bindegewebe einer intensiven Massage ausgesetzt, ebenso wie der Magen-/Darmtrakt. Heute schränken wir durch stundenlanges Sitzen, über 80 000 Stunden in einem Durchschnittsleben, vor PC und Fernseher oder im Auto, diese wichtige Funktion ein. Gleichzeitig geht uns der positiv stimulierende Effekt auf unsere Psyche und unser Immunsystem verloren. Zudem stimuliert muskuläre Tätigkeit das vegetative Nervensystem und das Hormonsystem. Einen weiteren Vorteil von körperlicher Aktivität und Bindegewebstraining erfahren die Gefäße.[53]

Die Bedeutung des „Wundermittels Bewegung" ist für Gesundheit und Vorbeugung so groß, dass das eher konservative Deutsche Ärzteblatt diesem Thema erst kürzlich eine Sonderausgabe widmete: Bewegung und die damit verknüpfte Bindegewebspflege zählt zu den erfolgreichsten und wichtigsten Vorbeugemaßnahmen für Schlaganfall, Bluthochdruck, chronisches Fatigué-Syndrom, Krebs und verbessert den Zucker- und Fettstoffwechsel.[21, 34]

Leben ist Ordnung aus Ordnung

„Leben ist Ordnung aus Ordnung."

Erwin Schrödinger

1943 hielt der Nobelpreisträger Erwin Schrödinger im Exil in Dublin Vorträge über das Leben aus Sicht des Physikers.[38] Die Quintessenz für ihn war, dass Leben aus Ordnung entsteht. Dieser Gedanke ist bei dem berühmten Naturheilkundearzt Maximilian Bircher-Benner wieder zu finden. Nach seinen Vorstellungen gibt es Ordnungsgesetze des Lebens.[6] Im Körper laufen unzählige Prozesse ab, die koordiniert werden müssen. Manche widersprechen sich im Ablauf und im Ergebnis. So können wir nicht mit unserem Auto über die Autobahn flitzen und es gleichzeitig reparieren lassen. Widersprechende Aktivitäten im Körper sind körperliche Tätigkeit und Regeneration oder Aufbau und Abbau von körpereigenen Substanzen oder Zellen. Entsprechend müssen entgegengesetzte Abläufe zeitlich koordiniert werden. Dazu haben sich verschiedene Taktgeber im Körper entwickelt. Jede Zelle besitzt einen Taktgeber. Zentrale Taktgeber steuern Organsysteme. Generell bringen Rhythmen Ordnung in den Körper. Unsere Leistungsfähigkeit und Gesundheit hängt in großem Maße von der Ordnung und dem optimalen Miteinander der Rhythmen ab. Das wichtigste Taktzentrum hat seinen Sitz im Gehirn. Von dort aus steuert es den Tag-/Nacht-Rhythmus. Es empfängt aus der Umwelt die Signale Hell-Dunkel über die Augen. Dadurch kann sich die innere Uhr an die Umwelt anpassen. Der zentrale Taktgeber, die innere Uhr, leitet seinerseits Informationen an das Gehirnzentrum für Gefühle. Störung des Tag-/Nacht-Rhythmus münden daher oft in depressive Verstimmung oder andere psychische Störungen. Dazu gehört die Winterdepression. Ebenso bestehen langjährige Rhythmen wie Reifungs-/Alterungsprozesse. Die innere Uhr ist zudem mit dem Geruchssinn und der Koordination der Verdauungsaktivität verknüpft. Häufig findet sich eine Entkopplung der inneren Uhr bei Essstörungen und Gewichtszunahmen. Hierzu passt ein Vergleich des Essverhaltens von Franzosen und Amerikanern. Die Mehrzahl der Franzosen nimmt drei Mahlzeiten, nämlich um 08:00 Uhr, 12:00 Uhr und 18:00 Uhr zu sich. Hingegen ist in Amerika diese Rhythmik verloren gegangen; die Amerikaner nehmen kontinuierlich auch zwischen diesen Hauptzeiten Nahrung zu sich.[23]

Ebenfalls für das Bindegewebe hat der Tag-/Nacht-Rhythmus eine wichtige Rolle. Wichtige Reparaturschritte, Umbauprozesse und Reinigung des Bindegewebes erfolgen in der Nacht (Schlafphase), wenn die Muskeln entspannt sind und nicht arbeiten müssen. Der Schönheitsschlaf ist also kein Ammenmärchen, sondern hat einen ganz natürlichen Hintergrund. Schönheit kommt von innen. Ein reines und gut versorgtes Bindegewebe trägt dazu bei. Eine glatte elastische Haut zeigt ein vitales, strahlendes Aussehen. Natürlich machen sich Zufriedenheit und psychische Ausgeglichenheit im Bindegewebe bemerkbar. Nächtliches Abarbeiten von belastenden Situationen lässt die Muskeln nicht ausreichend entspannen. Damit wird das Bindegewebe behindert, sich nachts zu regenerieren.

Seit Jahrtausenden wurden Maßnahmen und vorbeugende Therapien entwickelt, um den Menschen zu unterstützen. Ausgehend von dem antiken Griechenland hat sich in Europa eine Badekultur entwickelt, die bis in die Moderne noch intensiv genutzt wird. Welche Hilfskraft aus dem Bindegewebe erwächst, kann die Heilung der Gräfin Therese von Schwarzenberg zeigen. 12 Jahre nach einem Skiunfall mit Querschnittslähmung schaffte sie ein kleines Wunder.[46] Sie konnte wieder mit Krücken laufen. Allerdings litt sie noch unter erheblichen Schmerzen und ihre Muskeln waren verhärtet. Schließlich ließ sie sich mit der Matrix-Rhythmus-Therapie nach Dr. Randoll behandeln. Mit einem Schwingkopf wird die Muskulatur bis in die Tiefe entspannt und minimal gedehnt. Dadurch kann das Bindegewebe wieder vom Gewebswasser durchflutet werden. Wie beim Ölwechsel des Autos werden Bindegewebswasser und Schlacken nun ausgetauscht. Auch die Nerven werden nicht mehr durch Säuren gereizt. Diese intensive Behandlungsmethode war bei der Gräfin von Schwarzenberg so wirksam, dass sie fast keine Schmerzen mehr hatte und durch gezieltes Muskeltraining von der Gehhilfe unabhängig werden konnte.

So hilfreich eine solche Therapieform ist, sie ersetzt nicht die tägliche Bewegung. Über viele Jahrtausende hat sich der Körper an tägliche Bewegung, zum Beispiel Gehen, gewöhnt. Wissenschaftler gehen davon aus, dass ab einer Gehstrecke von 6 km pro Tag ein Schutz vor Gefäßerkrankungen und Herzinfarkt erreicht wird. Für eine gute Vorbeugung gegenüber Krebs bedarf es einer Gehstrecke von 15 km und mehr. Schwimmen eignet sich ebenfalls, um das

Bindegewebe zu massieren und aktivieren. Beim Schwimmen kommt unter anderem noch der thermische Reiz hinzu.

Jedem sind die Anwendungen nach Kneipp bekannt. Über wechselnde Kälte- und Wärmereize erfahren Muskeln und Bindegewebe eine Einwirkung. Bei Kälte flutet das Gewebswasser Lymphe und Blut zur Körpermitte und nimmt dabei die Schlacken, die im Bindegewebe lagern, mit. Bei Wärme werden die Gefäße in der Muskulatur weit gestellt, sodass Blut/Gewebswasser anströmt und die im Bindegewebe eingebetteten Zellen mit neuen Nährstoffen versorgt. Bürstenmassagen unterstützen den Prozess. Regelmäßige Saunagänge pflegen nicht nur das Bindegewebe, sondern aktivieren auch das Immunsystem. Sind unter starker Belastung reizende Maßnahmen eher belastend als hilfreich, kann mit Johanniskrautöleinreibungen oder -massagen das überforderte Nervenkostüm beruhigt werden.

Eine der Säulen der indischen Medizin, des Ayurveda, ist die Panchakarma-Kur.[39] Auch hiermit wird gezielt eine Reinigung des Bindegewebes erreicht. Über mehrere Tage wird morgens eine kleine Menge warmes Butterfett getrunken. Schon nach zwei bis drei Tagen löst und mobilisiert das Butterfett fettlösliche Schlacken im Bindegewebe. Ölmassagen des Körpers helfen, die Schlacken abzutransportieren. Mit einer Darmreinigung werden sie dann aus dem Körper entfernt. Zur Kur gehören Meditationen, um den Körper zu entspannen und Yoga-Übungen, Asanas. Sie wirken sowohl auf die Muskeln, das Bindegewebe und das autonome Nervensystem. Selbstverständlich nimmt eine begleitende angemessene Ernährung einen wichtigen Platz ein.

Auch in der traditionellen chinesischen Medizin finden wir die Kombination der Entgiftung des Bindegewebes durch Massage, Ernährung und körperliche Übung. Mit komplexen Medizinteezubereitungen wird die energetische Ordnung und Harmonie im Körper wieder hergestellt. Dadurch wird das Bindegewebe entgiftet. Mit einer speziellen Massageform, Tuina, wird der Prozess unterstützt. Ebenso wie in Indien gehören Meditation zum Beispiel in Form von Qi Gong und körperliche Übung wie Tai Chi oder die chinesischen Heilübungen dazu. Eine gezielte Ernährung auf Basis der Fünf Elemente tut das ihre dazu.[47]

Psyche und Verhalten

Mit der menschlichen Psyche haben wir im Vergleich zum Darm und Bindegewebe, die auf ca. 600 Millionen Jahren zurückblicken, eine sehr junge Entwicklungsstufe erreicht. Der moderne Mensch ist nicht viel älter als 100 000 bis 200 000 Jahre. Allerdings ist seine Gehirnentwicklung sensationell.[19] Wir hatten schon Bekanntschaft mit der Gen-Forschung, die den Unterschied zwischen Mensch und Tier untersucht, gemacht. Zwei der HAR (human accelerated region) sind verantwortlich für das Wachstum des menschlichen Gehirns.[32] Sie haben dazu beigetragen, dass das menschliche Gehirn ein gigantischer Biocomputer mit einer unglaublichen Leistungsfähigkeit ist. Im Gegensatz zum technischen Pendant ist er Zeit seines Lebens plastisch und formbar. Der wichtigste Aspekt dürfte jedoch sein, dass er wie ein System funktioniert und nicht einfachen Regeln folgt.

Schon vor der Geburt wird die Gehirnmatrix geformt. Der französische Arzt Tomatis hat sein ganzes Leben der Erforschung der Gehirnentwicklung durch Klänge, Sprache und Musik gewidmet.[48] Seine Forschung brachte ans Licht, dass die Stimme der Mutter über die Wirbelsäule auf den Schädel des Ungeborenen weitergeleitet wird. Diese Reize helfen, die Nervennetze zu formen. Dass Musik einen großen Einfluss auf uns hat, ist daher kaum verwunderlich, auch nicht, dass mit Musik Heilungsprozesse angestoßen werden können. Ein Wissen, das im Schamanismus eine große Rolle spielt. Während des ganzen Lebens verändert sich das Gehirn als

Reaktion auf äußere Reize wie Information usw. Auch im hohen Alter ist das Gehirn noch durch entsprechende Aktivität änderbar. In der Tat ist das Gehirn ständig mit irgendetwas beschäftigt. Allerdings kann der Schuss auch nach hinten losgehen, wie sich bei dem dauernden Computer- und Smartphone-Spielen zeigt.[44] Hierfür wurde der Begriff digitale Demenz gebildet im Gegensatz zur frühzeitigen (präsenilen) Demenz. Das bedeutet, dass es sich nicht ausschalten lässt. Dabei reichen dem „Normalhirn" nicht die Botschaften aus dem Körper. Ständig braucht es geistige Nahrung, Informationen aus der Umwelt. Geistige Nahrung sind Gespräche, Beobachtungen zum Beispiel der Natur, Tätigkeiten, Bücher, Musik oder Fernsehen. Die geistige Nahrung, die der Mensch in sein Gehirn stopft, formen es mit. Positive Nahrung stimuliert das Gehirn. Unter optimalen Bedingungen, wie einer zufriedenstellenden Tätigkeit, erreicht der eine oder andere einen Zustand des Glücks. Der ungarisch-amerikanische Glücksforscher Csikszentmihalyi hat die Umstände, wie es zu diesem Zustand kommt, untersucht. Er nannte ihn den Flow-Zustand.[9] Jeder kann diesen Zustand erreichen, der Fließbandarbeiter genauso wie der Wissenschaftler beim einsteinschen Formelstemmen. Wichtig ist, dass die Aufgabe den Menschen an das obere Drittel seiner geistigen Leistungsfähigkeit führt. Zudem sollte er die Aufgabe beherrschen und ihr positiv gegenüberstehen. Dann kann es sein, dass sich ein Gefühl von Glück und tiefer Zufriedenheit einstellt. Der Flow-Zustand hilft dem Körper zu gesunden bzw. seine Gesundheit zu stärken.

Es bedarf keiner besonderen Erläuterung, dass auch in der Meditation ein ähnlicher Zustand erreicht werden kann. Dabei ist es der persönliche Geschmack, ob wir die Meditation nach östlichem Muster, wie die Zen-Meditation, die Meditation in Bewegung beim Tai Chi oder Meditationsformen nach klösterlichen Traditionen wählen.

Ganz anders reagiert unser Gehirn auf Langweile = Reizmangel, besser Mangel an von ihm akzeptierten Reizen. Der berühmte Sozialpsychologe Erich Fromm warnte schon 1950 vor den Gefahren der Langeweile.[15] Unter Langeweile stellt das menschliche Gehirn so manchen Unfug an. Abgesehen davon schwindet auch unsere Zufriedenheit und damit auch unsere Gesundheit dahin. Benjamin Franklin stufte die Bedeutung der Zufriedenheit sehr hoch ein. Er glaubte, „Zufriedenheit ist der Stein der Weisen. Zufriedenheit wandelt in Gold, was immer sie berührt."

Bei vielen Menschen scheitert das Projekt Zufriedenheit. Sie schauen nur nach dem, was andere haben, denen es scheinbar besser geht. Dass es zum Beispiel Millionäre gibt, die sich eine teure Yacht leisten können usw. und vergessen dabei, dass auch sie zufrieden und glücklich sein könnten. Wenn ein Vergleich schon nötig ist, dann bitte mit Vergleichbarem. Das heißt, sich an erreichbaren Zielen orientieren. Der Amerikaner Henry David Thoreau brachte dieses Dilemma auf den Punkt: „Der Mensch ist umso reicher, je mehr Dinge er lassen kann."

Je weniger unser Herz an Besitz, Prestige und Ähnlichem hängt, desto einfacher ist für uns der Weg zur Zufriedenheit. Für die meisten ist es schwer, mit jeder neuen Mode, sei es Auto, Kleidung oder Freizeitbeschäftigung, mitzuhalten. Nicht jeder verfügt über ein Bankkonto von Onkel Dagobert Duck. Es ist erstaunlich, mit wie wenig man leben und sogar zufrieden sein kann. Eine solche Bereitschaft lenkt sogar Aufmerksamkeit auf das Wesentliche. Unwesentliches landet ohne Bedauern im Abfall. In seinem Buch „Simplify your life" (Vereinfache Dein Leben) beschreibt Tiki Küstenmacher, wie man es machen kann.[26] Vereinfachen wir unser Leben und lösen uns von unnötigem Ballast.

Das hat viel mit unseren Vorstellungen zu tun, wie unsere Welt sein sollte. Diese Vorstellungen werden in der Psychologie Werte genannt. Sie beinhalten Aussagen, was für uns wichtig ist, wie wir oder unsere Mitmenschen sich verhalten sollten usw. Im Laufe des Lebens basteln wir uns so einen Baukasten aus Werten zusammen. Vieles haben wir von unseren Eltern übernommen; Vorbilder oder Gleichaltrige sind Werte-Lieferanten, genauso wie die Gesellschaft, in der wir leben. Da unsere Gesellschaft sehr materiell ausgerichtet ist, sind Werte, die sich an materiellen Dingen orientieren, entsprechend häufig. Dazu trägt letztendlich auch die überall und ständig vorhandene Werbung bei, die sich ganz sicherlich nicht an Plutarch (ein griechischer Philosoph der Antike) orientiert: „Wer wenig bedarf, der kommt nicht in die Lage auf vieles verzichten zu müssen."

In dem AOK-Magazin „pa" hat unlängst Pater Anselm Grün Stellung zu Werten genommen.[18] Ethische, aber nicht materielle Werte geben dem Menschen wie auch der Gemeinschaft Würde.

Pater Grün sieht in der Angst vor der eigenen Wertlosigkeit einen Grund, der viele belastet und in immer mehr Arbeit fliehen lässt. Diese Menschen leben nicht mehr aus dem eigenen Inneren und können Werte nicht als sinngebende Kraftquellen nutzen. Wörtlich sagt Pater Anselm Grün: „Werte sind also die Bedingung, dass der Mensch gesund leben kann." Er zeigt auf wie „ungesunde" Werte in der Arbeitswelt viele Menschen gesundheitlich schädigen oder gar zerstören. Immerhin rechneten fleißige Statistiker aus, dass seelische Krisen (in denen ein großer Anteil Burnout-Erkrankungen stecken dürften) mit 41 Millionen Fehltagen entsprechend ca. 3,9 Milliarden Euro Produktionsausfälle zu Buche schlagen.

Der Aufbau des Gehirns trägt der Bedeutung zwischenmenschlicher Beziehung Rechnung. Spezialisierte Nervenzellen, die Spiegel- und die Spindelzellen, sorgen für die nötige Hardware.[5] Sie treten in Resonanz mit den Gefühlen und Handlungen von Personen, die wir beobachten. Damit sind wir in der Lage, intuitiv und unmittelbar das Empfinden anderer Menschen wahrzunehmen. So wird die Eingliederung in eine Gemeinschaft einfacher; wir haben den Schlüssel für gelungene Beziehungen in der Hand.

Die Spiegelnervenzellen haben noch zusätzliche Fähigkeiten: Sie schaffen einen inneren Wahrnehmungs-, Übungs- und Planungsraum um Handlungen, die wir beobachtet haben, nachvollziehen und gleichzeitig ein Körpergefühl dazu entwickeln zu können. Wir erfahren, wie die Handlung sich für den eigenen Körper anspüren würde. Der innere Wahrnehmungsraum erlaubt uns, gefahrlos Bewegungsabläufe oder Handlungen in Gedanken durchzugehen und zu optimieren. Damit können wir überprüfen, ob sie eine Handlungsmöglichkeit für uns sind.

Auch Teile der Sprache können mit diesen Nervenzellen in Resonanz treten und tragen zu einer schnellen intuitiven Verständigung bei. Da die Spiegelnervenzellen ebenfalls mit den Nervenzellen für Handlungen (motorische Nervenzellen) verknüpft sind, kann über das Resonanzphänomen eine eigene Handlung in die Wege geleitet werden.

Bei diesem Thema kann die Sprache eine große Hilfe sein. Die Sprachentwicklung ist eine spezifisch menschliche Entwicklung.[43] Zwar können wir uns auch mit Lautkombinationen verständigen, aber tierische Kommunikation erreicht nie die Möglichkeiten der menschlichen Sprache. Sie ist ein fundamentaler Baustein der menschlichen Gesellschaft. Sie ermöglicht es jedem sprachbegabten Menschen, seine innersten Gefühle auszudrücken und mit anderen zu teilen. Über die Sprache können wir an der Kultur und dem erworbenen Wissen der Menschheit teilhaben.[11] Die Bedeutung der Sprachentwicklung zeigt sich daran, dass einer der bedeutsamen Genkomplexe für das Menschsein die Sprachbildung erleichtert. Heute nehmen Wissenschaftler an, dass das Leben in kleinen Gemeinschaften und die Sprache an sich maßgeblich unser Denken und Verhalten beeinflusst hat. Der Spracherwerb ist auf eine kritische Zeitspanne bis zum dritten Lebensjahr beschränkt. Danach ist es Kindern nur sehr schwer möglich, Sprache noch zu erlernen. Die Sprache und ihr Erwerb ist keine rein genetisch bedingte Fähigkeit. Sie bedarf der Mitwirkung der Eltern, Bezugspersonen usw. Sprache ist das Werkzeug unseres Denkens. Klar, dass Sprache auch unser Verhalten und damit unsere Gesundheit mitbestimmt.

In inneren Selbstgesprächen überlegen wir uns, welches Verhalten uns dienlich sein könnte. Sowohl innere Selbstgespräche als auch die Form, wie wir Sprache einsetzen, können uns erheblich beeinflussen.

Sätze wie:
Das ist ja unheimlich stressig.
Das kann ich nicht.
Das muss jemand anders für mich machen.
In meinem Alter geht das nicht mehr.
lenken unsere Gedanken in eine passive Richtung. In der Tat sind die Gedanken frei, nur wir bestimmen ihre Richtung. Schnell können wir zum Spielball anderer und von äußeren Umständen werden. Sagen wir uns immer wieder „Mir geht es schlecht. Ich bin so traurig", ist die Zeit nicht fern, dass es mir wirklich schlecht geht. Beispiele, die zeigen, welche positive Kraft hinter der Sprache und den Gedanken steckt, sind der Radsportler Lance Armstrong oder die Fürstin von Schwarzenberg. Lance Armstrong war an Krebs erkrankt. Er überwand dank seiner Gedanken den Krebs und gewann die Tour de France. Ähnliches schildert Therese von Schwarzenberg, wie sie ihre Querschnittslähmung nach einem Skiunfall überwand und wieder gehen konnte.

Wir dürfen allerdings nicht übersehen, dass die Gedanken nur der erste Schritt sind. Wir müssen unsere Gedanken in Handlung umsetzen. Dazu ist es nötig, den „inneren Schweinehund" dort zu lassen, wo er hingehört.

Unser Gehirn hat alle Voraussetzungen mit dem Thema „innerer Schweinehund" umzugehen. Im Gehirn sind die verschiedenen Aufgaben räumlich verteilt. Mitten im Gehirn liegt das Motivationszentrum. Von seiner Tätigkeit wird sowohl das Angstzentrum als auch das Zentrum für Gefühle (Emotionszentrum) gesteuert. Das natürliche Ziel des Motivationssystems sind soziale Beziehungen.[4] Gelingende Beziehungen zu anderen Menschen sind der Kern aller Motivation. Das bedeutet Wertschätzung, Zuwendung, Zuneigung bekommen und geben.

Gerne lassen wir in unserer Kultur diese positiven Signale bis hin zur völligen Selbstaufgabe anderen zukommen. Dabei geht die Achtsamkeit und das Mitgefühl (Selbstmitgefühl = self compassion) sich selbst gegenüber, als egoistisch abqualifiziert, baden.[30] Das Selbstmitgefühl hat nichts mit der egozentrischen Nabelbeschau von Muttis Prinzen und Prinzessinnen zu tun. Sogar das eher konservative Deutsche Ärzteblatt stellt hierzu fest: „Umfangreiche Studiendaten zeigen, dass größeres Selbstmitgefühl mit einer Zunahme des seelischen Wohlbefindens korreliert, aber auch mit einer Abnahme von Angst, Depression und pathologischen (krankhaften) Stressreaktionen." Lesen wir die Berichte, insbesondere über die „alten" Männer in Sardinien, so erfahren wir, dass die eine hohe Selbstachtung, Selbstwert und Selbstmitgefühl haben.[8] Die moderne Managementliteratur liebt

Begriffe wie Authentizität, Kongruenz, Charisma. Ihnen dürfte zugrunde liegen, dass Menschen, die innen wie außen sind, sich selbst achten, eine besondere Ausstrahlung haben. Damit erreichen sie viel für ihre Gesundheit, Zufriedenheit und Stabilität und wahrscheinlich auch für andere.

In seiner Aufgabe als zentraler Antriebsmotor des Lebens wird das Motivationszentrum durch chemische Botenstoffe wie Hormone und Nervenbotenstoffe unterstützt. Ein äußerst wichtiges Hormon dabei ist Oxytocin. Eine seiner Aufgaben ist die Wehentätigkeit bei der Geburt. Auch für unser tägliches Leben ist Oxytocin wichtig, da es uns hilft, Vertrauen in andere Menschen zu gewinnen und diese anzunehmen. Ohne Oxytocin ist das nicht möglich. Menschliche Wärme, Anteilnahme, Wertschätzung, aber auch liebevoller Hautkontakt bringt die Oxytocinproduktion in Schwung. Das Oxytocinbad ist für das Motivationszentrum super und lässt es sich so richtig wohlfühlen.[4] Und weil es so richtig zufrieden ist, sorgt es für ein stabiles und ausgewogenes Immunsystem und einen optimal regulierten Körper. Dann sind wir einfach fit und schaffen Höchstleistungen. Fehlen diese positiven Effekte, ist unser Motivationszentrum „schlecht drauf". Das Angstzentrum wittert Morgenluft und chemische Botenstoffe, „Entzündungen" werden losgeschickt. Die Ausgewogenheit des Immunsystems geht zurück und es funktioniert dann mehr schlecht als recht. Zwischenmenschliche Konflikte sorgen für biochemischen Stress und Erhöhung des Entzündungsbotenstoffs Interleukin 6, der bei vielen Krankheiten von Diabetes bis hin zu Krebs eine wichtige Rolle spielt. Das Fazit ist, dass zerstörerische zwischenmenschliche Beziehungen krank machen.

Zwei weitere Botenstoffe unterstützen das Motivationszentrum. Endorphine helfen dem Emotionszentrum direkt. Sie vermindern die Schmerzempfindlichkeit, stärken das Immunsystem und erhöhen die Lebensfreude. Der Nervenbotenstoff Dopamin wird nicht wie Oxytocin von der Hypophyse sondern von dem Motivationszentrum selbst gebildet. Zärtlichkeit, Liebe und alle Formen von gelungenem Zusammensein werfen die Dopaminproduktion an. Auch schöne Musik stimuliert die Dopaminbildung, insbesondere, wenn gemeinsam musiziert wird. Von einem Benediktiner-Kloster in Frankreich wird berichtet, dass der neue Abt das Klosterleben modernisieren wollte. Er schaffte das traditionelle gemeinsame Singen der gregorianischen Choräle, das über Jahrhunderte Tradition war, ab. In der Folgezeit erkrankten viele der Klosterbrüder. Als auf Anraten des Arztes Dr. Tomatis die Brüder wieder gemeinsam sangen, verbesserte sich ihre Gesundheit rasch. Neben Musik helfen schöne Dinge, sei es die Natur oder sonstige „aufbauende" Dinge wie Lachen, unser Motivationszentrum zu unterstützen. Da Dopamin als Nervenbotenstoff mit dem Blut jede Zelle im Körper erreicht, wirkt es auf den ganzen Körper und gleicht so einem körpereigenen Doping. Der Körper reagiert mit Steigerung der Konzentration und des Wohlbefindens. Sowohl psychisch als auch körperlich erleben wir einen Zustand der Handlungsbereitschaft.

Die alten Menschen auf Okinawa beweisen die Wichtigkeit dieses Systems. Auch für uns gilt, dass intakte soziale Netzwerke unsere Gesundheit schützen und uns eine höhere Lebenserwartung schenken können.

Biorhythmen – Die Uhren des Lebens

Sehr frühzeitig in der Entwicklung von Leben entstanden biologische Uhren und „Kalender", um die komplexen Aufgaben des Lebens zu koordinieren.[17] Sie sind die Taktgeber für die biologischen Rhythmen. Dazu gehören der Tag-/Nacht-Rhythmus, die Veränderung der Körpertemperatur im Laufe des Tages, Hormonausschüttung und Aktivitäts- und Ruheperioden. Als biologische Kalender bestimmen sie, wann welche Entwicklungsschritte eingeleitet werden. Solche Entwicklungsschritte lassen aus dem Säugling ein Kleinkind werden, die Pubertät eintreten oder beschränken die Dauer des Lebens.

Dabei handelt es sich nicht um starre Zeitvorgaben. Vielmehr passen sich die Rhythmen in gewissen Bereichen flexibel an die äußere Umwelt an. Sowohl die physikalische aber auch die soziale Umwelt stellen diese Uhren nach. Die wichtigste Uhr ist der Tag-/Nacht-Rhythmus. Er unterscheidet zwischen Hell und Dunkel. Wissenschaftler haben entdeckt, dass die Augen zusätzliche Sinneszellen haben, die Helligkeit bzw. Dunkelheit wahrnehmen. Von dort wird die Information an die zentrale Uhr in der Nähe des Motivationszentrums weitergeleitet. Im komplexen Zusammenspiel mit Psyche, Verhalten und Umwelt synchronisiert sie die Rhythmen der vielen anderen Taktgeber. Auswirkungen der Gesellschaft und der persönlichen Verhältnisse lassen sich an einem solchen Taktgeber beobachten. Der normale Essensrhythmus ist tagsüber auf alle vier bis fünf Stunden getaktet. Nachts wird üblicherweise nichts gegessen. Dieser Rhythmus sorgt für die rechtzeitige Bildung von Verdauungsenzymen und sorgt für Bewegung im Verdauungstrakt. Gleichzeitig ermöglicht der Rhythmus das gemeinsame Essen in der Gemeinschaft und stärkt so die sozialen Bindungen. Nicht umsonst haben Geschäftsessen oder gemeinsames Frühstück oder Banketts auch in der Politik einen hohen Stellenwert. Ebenso wird dem gemeinsamen Essen in der Familie eine große Bedeutung zugemessen. Mode, Gesellschaft und persönliches Verhalten nehmen einen erheblichen Einfluss auf diese Rhythmen und können sie sogar entkoppeln. Nach wie vor ist es, wie bereits beschrieben, in Frankreich noch üblich, drei Mahlzeiten zu geregelten Zeiten einzunehmen. Für die Mehrzahl der US-Amerikaner zeigt eine Untersuchung keinen festen Rhythmus.[23] Die Mahlzeiten erfolgen zu jeder Zeit des Tages bis mitten in die Nacht. Leider beobachtet man in Deutschland zunehmend einen ähnlichen Trend. Das Verhalten entkoppelt die verschiedenen Stoffwechselrhythmen einschließlich des Insulinrhythmus. In Folge verändern sich Fett- und Zuckerstoffwechsel und das Gewicht nimmt zu. Im Fachjargon wird dies als metabolisches Syndrom bezeichnet. Auch für den Appetit können die Rhythmen unterschiedlicher Botenstoffe verantwortlich gemacht werden. Während morgens zum Frühstück ein solcher Botenstoff vermehrt Lust auf Kohlenhydrate wie Müsli, Brot und Marmelade oder Honig macht, fördert abends der Botenstoff Galanin das Verlangen nach Fett. Nachts bleibt die Bildung des Hungerbotenstoffs Ghrelin aus. Ebenfalls wird nachts die Bildung von Magensäure und Verdauungsfermenten eingestellt.

Ähnlich fehlgesteuert wie der Ernährungsrhythmus ist bei vielen der Schlaf-/Wachrhythmus. Er wird durch den Wechsel von Tageslicht und Dunkelheit der Nacht nachjustiert. Halten wir uns überwiegend in geschlossenen Räumen mit künstlicher Beleuchtung auf, fehlt ein ausreichender Justierreiz. Das Tageslicht schwankt je nach Jahreszeit zwischen 8 000 und 100 000 Lux. Ein gut beleuchtetes Büro bringt es im optimalen Fall auf schlappe 500 bis 1 000 Lux. Auch ein hoher Blauanteil beim Fernsehen oder Arbeiten am Computer stört den Hell-/Dunkel-Rhythmus. Das übliche Tragen von Sonnenbrillen tut das seine dazu. Verlagern wir noch unsere Aktivitäten in die Nacht, so hat der Tag-/Nacht-Rhythmus wenige Chancen. Dabei sind ein gut funktionierender Tag-/Nacht-Rhythmus und ein erholsamer Schlaf essenziell. Wissenschaftler sammeln zunehmend Belege dafür, dass während des Schlafes die Erfahrungs- und Lerninhalte des Tages überprüft und gefestigt werden. Im gesamten Gehirn ordnen sich die Myriaden von Nervenverbindungen. Unsere geistige und seelische Stabilität ebenso wie ein effektives Gedächtnis hängen von dieser nächtlichen Aufräum- und Ordnungsaktion des Gehirns ab. Schnell gerät unser „Schlafkonto" ins Minus, wenn es durch kontinuierlichen Schlafmangel, durch Schichtarbeit oder nicht erholsamen Schlaf belastet und nicht mehr ausgeglichen wird. Unausgeglichenheit, Aggressivität, psychische Labilität, verminderte Konzentrations- und Lernfähigkeit sind nur ein Teil der Probleme, die dann bei Schlafmangel auf uns warten können. Neben der Rhythmusentkopplung kommt auch noch die Auswirkung von Stress hinzu. Biochemisch benötigen wir zum Beispiel zum Einschlafen so genannte freie Radikale. Das sind aggressive Verbindungen des Sauerstoffs und Stickstoffs, die chemisch mit nahezu allen Verbindungen einschließlich Mineralien und Vitaminen reagieren. Im Übermaß gebildet, wie zum Beispiel bei Schlafentzug, zerstören sie schneeballartig eine große Zahl körpereigener Stoffe, auch Eiweiße oder genetisches Material. Die Folgeprobleme werden in der Medizin unter dem Begriff oxidativer bzw. nitrosativer Stress aufgelistet. Fatal ist auch, dass sich die Entkopplung des Tag-/Nacht-Rhythmus auf das Motivationszentrum auswirkt. In der Regel kann dies bei depressiven Menschen nachgewiesen werden. Wie wir wissen, führt die Auswirkung auf das Motivationszentrum auch langfristig zum Ausbrennen des Immunsystems.

In ihrem Buch „Die Steinzeit steckt uns in den Knochen" prognostizieren die Autoren Thilo Spahl, Thomas Deichman und Professor Detlev Ganten, renommierter Evolutionsmediziner der Charité in Berlin, „dass nicht mehr die Bekämpfung von Symptomen sondern die Erhaltung von Gesundheit durch Prävention ihre (der Medizin) Hauptaufgabe sein wird".[16]

Vorbeugung ist der einfachste und fast jederzeit begehbare Weg für jeden von uns. Sind die Zusammenhänge klar, können wir unser eigenes Verhalten danach beleuchten und kritisches Tun herausfiltern. Jeder ist in gewissem Maße Schmied seines Glücks und seiner Gesundheit.

Gesundheit ist eine aktive Angelegenheit, die Handeln verlangt, wenn man nicht mit den Nachteilen einer unausgeglichenen

Gesundheit leben möchte. Leider erlauben die von Wirtschaft und Politik festgelegten Rahmenbedingungen vielen nicht, alle Punkte des Dargestellten umzusetzen. Der Schichtdienst, ob nun bei der Polizei, in der Medizin oder in der Industrie, bietet nur wenige Möglichkeiten, den Tag-/Nacht-Rhythmus aufrecht zu erhalten. Viele von ihnen müssen ihre Existenzsicherung mit wissenschaftlich bestens belegten Gesundheitsrisiken erkaufen.

Andererseits nehmen wir viele Gesundheitsrisiken freiwillig in Kauf. Der erste Schritt auf dem Wege ist das Einhalten einer Lebensordnung im Einklang mit den naturgegebenen Biorhythmen. Der heilige Benedikt von Nursia hat dies genial in seinen Lebensregeln für Mönche eingefangen[35]:

sieben Stunden Arbeit
sieben Stunden Schlaf
vier Stunden Essen
drei Stunden Muße
drei Stunden Beten

Auch wenn eine siebenstündige Arbeitszeit für die große Mehrheit der Arbeitenden eine schöne Vorstellung ist, bleibt sie medizinisch sinnvoll und wünschenswert.

Anders sind die Punkte Essen, Muße und Beten. Nicht jeder wird mit Beten klarkommen. Verstehen wir darunter einfach eine Zeit, in der wir unsere Systeme zur Ruhe kommen und Stille einkehren lassen. Eine Zeit, die nicht von einer ständigen Informationsflut und Hektik und kontinuierlichen optischen Wechseln wie beim Fernsehen ausgefüllt ist. Auch Mahatma Gandhi hat diese Idee zur Psychohygiene aufgenommen. Er verordnete sich und seinen Mitmenschen einen Schweigetag pro Woche. Das wird in der Familie schwierig sein. Ein fernseh- und Handy-freier und hektikreduzierter Tag sollte hingegen durchführbar sein.

Über die Bedeutung des Essverhaltens und einer angemessenen Zeit für die Einnahme der Mahlzeiten wurde vorher berichtet.

Der Aspekt der Muße wird heute vielfach als träges Herumhängen missverstanden. Der Arzt und Dichter Christian W. Hufeland hat vor über 200 Jahren Muße nicht nur sprachlich schön sondern auch prägnant beschrieben:

„Muße? Das ist das Gegenteil von Nichtstun.
Es ist die gesteigerte Empfänglichkeit, ein Tun,
das nicht aus dem Zwang der Not kommt,
nicht aus der Gier nach Gewinn,
nicht aus dem Gebot oder der Pflicht,
sondern allein aus der Liebe und der Freiheit.
Es ist die anspruchsvollste aller Beschäftigungen,
weil sie aus dem Kern unseres Wesens hervorgeht und
aus der Freude am Schaffen selbst getan wird.
Es ist vor allem die unverwelkliche Fähigkeit
zum Staunen und zum Ergriffensein."

Chr. W. Hufeland (1762 - 1836)

Es ist wenig wahrscheinlich, dass der amerikanische Management-Coach Kenneth Blanchard dieses Gedicht kannte, als er seinen Vorschlag für Muße vorstellte. „Der Minuten Manager" heißt sein Konzept für eine clevere Lebensstrategie: Jeden Tag einen Freiraum für etwas schaffen, das man ausschließlich für sich selbst macht.[7] Dabei ist es egal, was man macht, man muss es nur selbst wollen. Das kann durchaus auch einmal das seit Wochen aufgeschobene Autowaschen sein. Oder abends die schönen und befriedigenden Erlebnisse des Tages vor dem geistigen Auge zu rekapitulieren oder im Tagebuch niederzuschreiben. Wichtig ist, dass wir sie uns vor Augen führen und festhalten, ja das war schön. Denn „Es sind die Augenblicke, die uns im Gedächtnis bleiben".

Unlängst berichtete eine Studie, dass die meisten Deutschen unter chronischem Schlafmangel leiden. Auch hier kann die Regel des Benedikt von Nursia helfen. Trotz großer zum Teil eingebildeter Unterschiede ist ein Zeitrahmen von sieben Stunden angemessen, um unserem Körper die nötige Zeit zur Regeneration zu geben. Für manche Menschen gehört es heute zum Selbstwertgefühl, nur wenige Stunden zu schlafen. Tatsächlich berichten zum Beispiel tibetische Mönche, dass sie während intensiver Meditationsphasen, in denen sie wenigen Reizen ausgesetzt und mit sich im Frieden sind, mit vier Stunden Schlaf am Tag auskommen. Indes gilt dies nicht bei Belastung einschließlich großer zu verarbeitender Informationsmengen.

An dieser Stelle soll noch ein letzter Hinweis angeführt werden, der sich aus unserer Entwicklungsgeschichte als Menschen ergibt:

die Sprache.[43] Die Römer sind bekannt für ihre kurzen aber ins Schwarze treffende Sprichwörter. Sie mahnen zu „cave linguam". Achte auf deine Sprache. Es bedeutet, achte auf das, was du sagst und denkst. Unser Körper reagiert auf unsere Gedanken in die angegebene Richtung. Das kann je nach Sprache und Gedanke vorteilhaft, allerdings auch nachteilig für unsere Gesundheit sein.

Der rote Faden

Alle drei Ebenen stehen nicht einfach nebeneinander, sondern sind vielfältig miteinander verknüpft. Informationen werden jeden Augenblick zwischen den Systemen ausgetauscht und beeinflussen unser Befinden. So beeinflusst der Darm das Immunsystem und umgekehrt das Immunsystem den Darm. Ebenso gibt es einen Kurzschluss zum Nervensystem, das seinerseits auf das Immunsystem wirkt. Zudem reagieren das Lymphsystem und das Bindegewebe auf den Zustand im Darm. Die Wirkung ist nicht einseitig. Die Systeme wie das Lymphsystem wirken auf den Darm zurück.

Eng mit dem Darm ist das Darmimmunsystem verknüpft. Der Dünndarm weist eine Oberfläche von ca. 300 qm auf. Das entspricht etwa einem Tennisfeld. Hinzu kommt die deutlich kleinere Fläche des Dickdarms. Beide zusammen stellen die größte Oberfläche des Körpers zur Außenwelt dar. Logischerweise ist diese Grenze besonders geschützt. 70 % aller Immunzellen befinden sich im Darmimmunsystem. Dort werden sie trainiert und auf ihre Aufgaben, Viren, Bakterien und Pilze abzuwehren, vorbereitet. Allerdings bleiben sie nicht nur vor Ort, sondern wandern zu anderen Schleimhäuten, wie den Schleimhäuten der Atemwege. Dort sorgen sie für den Schutz vor Infektionen. Deshalb sind Störungen des Systems Darm - Darmbakterien oft mit einer geschwächten Abwehrlage gegenüber Infektionen der Atemwege oder der Haut begleitet. Die Botenstoffe des Immunsystems, sogenannte Interleukine, tragen nicht nur lokal zu einer veränderten Immunlage bei, sondern werden vom Blut und der Lymphe überall im Körper transportiert, zum Beispiel auch ins Bindegewebe. Dort können sie die Entzündungsbereitschaft erhöhen.

Eine weitere Verknüpfung besteht zum Bauchnervensystem. Ebenfalls ein Megasystem. 100 Millionen Neuronen (Nervenzellen), etwa 1/10 der Gehirnnervenzellen, sind mit einer Breitbandleitung à la DSL mit dem Gehirn verbunden. Es entsteht sozusagen eine direkte Verschaltung von Darmschleimhaut mit der Zentrale. Alles, was an der Darmschleimhaut passiert, wird direkt ans Gehirn gemeldet. Da die Abwehrzellen sich in engster Nachbarschaft zu den Nervenzellen befinden, tragen auch sie zu der Informationsflut bei. Im Gehirn stören sie das Gleichgewicht zwischen Motivations- und Angstzentrum. Nicht nur, dass nun zentral das Entzündungssystem stimuliert wird, sondern das Emotionszentrum wird auch betroffen. So sind Darmstörungen und psychische Störungen wie Depressionen sehr oft vergesellschaftet. Insbesondere treten Probleme auf, wenn der Botenstoff des Bauchhirns nicht ausreichend gebildet wird. Dieser Botenstoff ist das „Wohlfühlhormon" Serotonin. Es wird aus dem Nahrungseiweißbaustein Tryptophan gebildet. Übermäßiger Eiweißgenuss, Darmschleimhautstörungen wie Fruktoseunverträglichkeit usw. führen zu einem Mangel, sodass negativ steuernde Informationen die Überhand bekommen können.

Ein dritter Mitspieler ist das Bauchhormonsystem. Das System bietet eine Reihe von Spitzenleistungen. Zahlenmäßig ist es der zentralen Hormonfabrik, der Gehirnanhangdrüse, überlegen. Darüber hinaus bildet es deutlich mehr unterschiedliche Hormone, die alle anders geartete Funktionen haben. Die Stimulierung der Darmbewegung wie auch die Bildung von Magensäure sind einige Aufgaben dieser Hormone. Auch sie erstatten dem Gehirn Bericht und sorgen so für Reaktionen in der Zentrale.

Der Kurzschluss zwischen Darm, Immunsystem, Bauchnervensystem, Bauchhormonsystem und Gehirn hat gewaltige Auswirkungen auf unsere Gesundheit. Einerseits kann eine befriedigende Situation im Darm und der Darmschleimhaut über die Mittler Immunsystem, Bauchnervensystem und Bauchhormonsystem unsere Psyche über das Motivationssystem positiv beeinflussen. Andererseits kann der Darm schon bei relativ wenig beeinträchtigenden Störungen wie der Milchzuckerunverträglichkeit zum größten „Störfeld" des Körpers werden. Umgekehrt verursacht eine depressive Stimmung eine Belastung für den Darm. Bekannt ist der Durchfall bei Aufregung, der manchen Menschen das Leben schwer macht.

Ebenso wie der Darm ist das Bindegewebe mit dem Gehirn verschaltet. Störungen im Bauchraum wirken dann direkt über die Blut-/Lymphbahn zum Beispiel durch toxische Substanzen auf das Bindegewebe. Die zweite Informationsroute geschieht dann über das Gehirn. Von ihm gehen Nervenfasern ins Bindegewebe und enden dort. Entsprechend ist das Bindegewebe in der Regel bei Darmstörungen mit betroffen.

Spiritualität, Religion und Gesundheit

„Liebe zu Gott ist Liebe zu sich selbst, ist Liebe zur Liebe. Diese Liebe ist das höchste Glück."

Lew Tolstoi

Das Thema Spiritualität, Religion und Gesundheit ist weder modern noch populär. Ärzte, die Brücken schlagen, werden recht rasch als Spinner und unwissenschaftlich abgetan.[41] Jene, die nach einem wissenschaftlichen Fundament suchen, geraten in Gefahr, die Grenzen der Ethik zu überschreiten.

Spiritualität, so definierte Dr. Pelletier, Direktor des Nationalen Institutes für Gesundheit der USA, ist das innere Gefühl eines großen Ganzen und das Erkennen der Bedeutung des Lebens. Spiritualität ist die Weise, in der wir den Sinn in unserem Leben verstehen und leben und die Werte und Glaubenssätze, die ihn ausmachen. Indem wir seine Transzendenz, das Überschreiten physikalischer Grenzen, akzeptieren, werden wir zu einem Ganzen, das harmonisch mit der letzten Wahrheit verknüpft ist. Religion hingegen ist die äußerliche Darstellung der Spiritualität.

Vor über 150 Jahren, angetrieben durch die Erfolge der mechanischen Physik, strebten Mediziner und Wissenschafter vornehmlich in Deutschland und England nach einer Trennung von Medizin, Spiritualität und Religiosität. Federführend war der Vater der modernen Krankheitslehre, Prof. Virchow. Medizin sollte rein naturwissenschaftlich erklär- und belegbar werden. Damit stieß er eine ungeheuer produktive Entwicklung an. Das medizinische und naturwissenschaftliche Wissen hat explosiv zugenommen und die erzielten Erfolge haben viele Menschenleben gerettet. Allerdings beklagen heute auch viele Menschen, dass die Medizin seelenlos und nur technisch orientiert sei. Die Medizin ist zu einem Reparaturbetrieb mit Orientierung an dem Krankhaften degeneriert. Perspektiven für die Vorbeugung von Krankheiten, die mehr denn je not tut, und die Bedürfnisse des Menschen stehen nicht mehr im Mittelpunkt, Spiritualität und Gott sind ausgegrenzt.

Immer wieder wurde in der Vergangenheit versucht naturwissenschaftlich zu belegen, dass für den Menschen weder Spiritualität noch ein Schöpfer nötig sind. Insbesondere in der Evolutionsbiologie, Neurobiologie und Soziobiologie wurden aufwendige Ausschlussbeweise konstruiert.

Pragmatisch gesehen sind diese Überlegungen allerdings vollkommen überflüssig. In der Tat müsste man sie, sollte Spiritualität oder Religion nicht existieren, aus gesundheitlichen Erwägungen erfinden. Ein sehr lebendiger Beweis hierfür sind die alten Okinawer.[52] Eine Reihe wissenschaftlicher Studien belegt die Bedeutung von Spiritualität und Religiosität für das Wohlergehen von Menschen. Interessanterweise gibt es in der englischsprachigen wissenschaftlichen Literatur eine erhebliche Menge an Forschung zu diesem Thema.
Über 8 000 Fachartikel erschienen bis Anfang 2010. Viele von ihnen wurden von renommierten internationalen Zeitschriften

veröffentlicht. Zudem unterstützen bedeutende US-Einrichtungen wie die National Institutes of Health Research (Nationale Institute für Gesundheitsforschung) und das National Institute on Aging (Nationales Institut für Altersforschung) diesen Forschungszweig.[25] Sogar ein neuer Forschungszweig, die Neurotheologie, wurde gegründet.

Der Hintergrund für das Bedürfnis nach Spiritualität liegt in unserer steinzeitlichen Vergangenheit, als das Bewusstsein des Menschen erwachte.

Die ersten menschlichen Vorfahren erschienen ca. vor 2,5 Millionen Jahren auf unserem Planeten. Ohne schützendes Fell und ohne besondere körperliche Fähigkeiten lebten sie in einer feindlichen Umwelt. Ihr Überleben hing von abgestimmtem Handeln in der Gemeinschaft ab. Die Urmenschen mussten erfassen, was in den anderen vorging und lernen, sich mit Bewegungen, Mimik zu verständigen, so wie wir es heute auch noch im fremdsprachlichen Ausland versuchen. Natürlich gehörte auch dazu, anderen Spezialfähigkeiten wie das Speerwerfen usw. zu lehren und selbst zu lernen. Das erforderte einen massiven Umbau des Gehirns und Steigerung seiner Leistungsfähigkeit.[19] Die schon beschriebenen Spiegel- und Spindelzellen bekamen einen neuen Stellenwert. Ihre Zahl und Verschaltung wurde dem neuen Stand angepasst. So gelang es, den Gruppenzusammenhalt zu stärken und die Fähigkeit zur Nachahmung und Wahrnehmung von Gefühlen der Mitmenschen zu erhöhen. Die Revolution des Gehirns führte zu zwei unvorstellbar bedeutenden Entwicklungen. Zum einen bildete sich das Bewusstsein. Die Fähigkeit, sich von anderen zu unterscheiden und zu verstehen, was und wer man selbst ist, was einen als Person ausmacht, sind seine zentralen Eigenschaften. Die zweite war die gezielte Entwicklung und Weitergabe von Fähigkeiten und Wissen sowie ihr Sammeln und Bewahren. Das ist genau das, was Wissenschaftler als Kultur bezeichnen.[11] Kultur ist genau genommen eine Entwicklung des Menschen. Ohne ihn gäbe es keine Kultur. Umgekehrt war die Kultur ein derartig großer Überlebensvorteil, dass sich der Urmensch mit der Kultur verzahnte. Heute sind Evolutionsbiologen davon überzeugt, dass aufgrund der engen Kopplung von Gehirn/Bewusstsein und Kultur die menschliche Weiterentwicklung erheblich beschleunigt wurde.

Diese Verzahnung von Menschen mit Kultur/Wissen beginnt auch heute noch im Säuglingsalter. Die Eltern oder andere wichtige Bezugspersonen führen das Kind spielerisch in die Kultur mit Mimik und Gestik ein. Kinder, die im frühesten Alter dieses Training nicht erhalten, können praktisch nicht in unserer Gesellschaft überleben. Ein Beispiel hierfür ist die Geschichte der indischen Wolfsmädchen Kamala und Amala. Ähnlich wie Mowgli im Dschungelbuch werden sie von einer Wölfin großgezogen. Jedoch anders als Mowgli fehlte ihnen die Möglichkeit, sich in die menschliche Gesellschaft zu integrieren. Sprachen zu lernen oder Trauer bei Tod eines Nahestehenden, hier der Schwester, zu zeigen. Auch ist ihr Schicksal traurig, nach wenigen Jahren in menschlicher Gesellschaft starben sie.
Über zwei Millionen Jahre bestimmte diese Form des Lebens und ihre Kultur die Menschen. Mit zunehmendem Wissen musste die

Speicherfähigkeit des Gehirns und des Bewusstseins zunehmen. Sie wurden sich der Natur, der Rhythmik der Natur genauso bewusst wie von der eigenen Sterblichkeit. Ungefiltert und direkt erlebten sie die Welt von einer übergeordneten Gesetzmäßigkeit und dass sie als ein Teil dieser Welt ihren Regeln und Gesetzen unterworfen waren. Der Wechsel von Tag und Nacht, die Rhythmik des Mondes und der Jahreszeiten zeigten ihnen, dass Kräfte tätig waren, die sie nicht beeinflussen konnten und denen sie unterlegen waren. Das Bewusstsein des Menschen verlangte und verlangt auch heute noch eine Erklärbarkeit und ein Ziel, den Sinn des Lebens. Neben den Regeln und Werten, die die Gemeinschaft für ein erfolgreiches Zusammenleben braucht, gingen Rituale und Riten in das Gemeinschaftswissen, in die Kultur ein. Die Spiritualität tritt als Folgeerscheinung des Bewusstseins und der Kultur des Menschen auf. Einen erneuten Quantensprung stellt die Entwicklung der Fähigkeit zu sprechen und der Sprache dar. Das war mit dem Gehirn des „nicht-modernen" Menschen nicht möglich. Erneut musste das Gehirn umgestaltet und die Speicherfähigkeit erhöht werden. Der Übergang von Gestik, Mimik und Nachahmung zur mündlichen Wissensweitergabe hatte dramatische Auswirkungen. Gefühle und Gedanken konnten nicht nur mehr im Innern erlebt, sondern auch anderen mitgeteilt werden. Mit der Sprache wurden zudem Gedanken und Ideen möglich, die vorher nicht denkbar waren. Rituale waren nicht nur wichtige Handlungen, sondern Geschichten und Mythen konnten nun ihre Bedeutung erklären. Mangels unserer modernen Physik und Psychologie erklärten unsere Vorfahren die Welt mit einer kosmischen Ordnung und göttlichen Wesen. So, wie die Menschen die Kultur mit Ritualen, Mythen, Werten und Glaubenssätzen gestalten und bereichern, hilft umgekehrt die Kultur, unsere innere Welt durch Spiritualität zu festigen und uns den Sinn des Lebens wahrzunehmen. Für Dr. Benson, Leiter des Mind/Body Medical Institutes (Medizinisches Institut für Körper und Geist), ist klar, dass Spiritualität/Religiosität „in unseren Körperfunktionen verwurzelt und in unseren Genen aufgeschrieben ist und uns als Gesamtes ausmacht." In seinem Plädoyer für Religion trägt der evangelische Theologieprofessor Richard Schröder vor, dass Religion ein wesentlicher Sinn gebender Faktor im menschlichen Leben ist. Religion erfüllt damit den wichtigsten Aspekt menschlichen Lebens, den Sinn des Lebens. Er befürchtet auch, dass mit der Religion als letzte Instanz die menschliche Einsicht in Schuld und Sünde die Werte und Gerechtigkeit in der menschlichen Gesellschaft verloren gehen. Die Letztverantwortlichkeit und auch die Dankbarkeit verschwinden aus unserem Leben.

Die Studien des NIH ergaben, dass es für Menschen mit gelebter Spiritualität/Religiosität ein innerer Reichtum mit Großherzigkeit, innerem Frieden und deutlich geringerer Neigung, sich ständig in den Mittelpunkt stellen zu wollen, typisch ist.[10]

Religiosität und Spiritualität schaffen Ordnung im menschlichen Geist und geben ihm eine seelische Stabilität, Richtung und Gesundheit.

„Das höchste Gut ist die Harmonie der Seele mit sich selbst."
Seneca

Unsere geistige und körperliche Gesundheit ist nicht etwas, was einmal erworben ein Leben lang hält. Da unsere Gehirnmatrix ständig umgebaut wird, um neue Informationen, geistige Fähigkeiten zu integrieren, muss sie kontinuierlich aufs Neue stabilisiert werden. Mit zunehmendem Alter wächst die Komplexität des Lebens und die Verantwortung, sodass es einfacher wird, Fehler zu machen. Zunehmend wachsen Zweifel an der Richtigkeit und Sinnhaftigkeit des eigenen Tuns. Probleme, die im Leben auftreten, Schicksalsschläge, wie der Verlust von geliebten Menschen, Verlust des Arbeitsplatzes, bedrohen unsere seelische Gesundheit. Hier hilft Spiritualität/Religiosität dem Gläubigen, wieder Vertrauen in das Leben zu gewinnen.

Die Ergebnisse des NIH sind deutlich. Spiritualität/Religiosität schützt vor Herzerkrankungen, Fehlfunktionen des Hormon- und Immunsystems, Atemwegserkrankungen, Krebs, psychischen und seelischen Störungen wie Ängsten, Depressionen und Selbstmord.[10]

So bietet uns Spiritualität/Religiosität Stabilität und die Chance auf physische und seelische Gesundheit und das Gefühl eines geglückten Lebens.

„Und es stellt sich eine Verwunderung ein, wenn man die Beschränkung der menschlichen Medizin aber die Unbeschränktheit des menschlichen Geistes erkennt."

T. P. Daaleman

Die zitierte Unbeschränktheit des menschlichen Geistes findet ihre Bestätigung durch viele Menschen, die von schwersten

Erkrankungen wie Krebs mit einem Weg in die Spiritualität/Religiosität gesundeten.[3] Sie haben sich am eigenen Schopf aus dem Sumpf der Krankheit gezogen. Die Werkzeuge waren Gebete oder Meditation (Meditation bezieht sich nicht nur auf die asiatische Form der Meditation, sondern auch auf die in christlichen Klöstern geübte).[40] Aus der klösterlichen Kontemplation sowie der schamanistischen Tradition kommt die Meditationsform des inneren Bildes vom Körper, die der amerikanische Arzt O. Carl Simonton entwickelte.[42] Mit dieser bildlichen Vorstellung kann die Verbindung mit dem Urgrund des Lebens verstärkt werden. Einen ähnlichen Hintergrund und Wirksamkeit haben Affirmationen. Das sind positive, selbstbejahende Formulierungen, um sich und krankmachende Gedanken zu ändern. Bei etwas Glück und viel Ernsthaftigkeit können sich dann auch Verhalten und körperliche Symptome zum Positiven wenden. Bekannt sind die Bücher von Louise L. Hay, die immer wieder auf die Macht der Gedanken hinweist. Auch in der Wissenschaft ist diese Thematik z. B. in der Theory of planned Behavior in der Theorie des geplanten Verhaltens angekommen.[29] Durch das Einbeziehen des Seelischen werden dem Menschen Heilkräfte zugänglich, die über das bisherige Verständnis der eigenen Grenzen weit hinausgehen.

„Die Tiefe der Menschenseele bietet unergründliche Kräfte."
Franz von Assisi

Literaturverzeichnis

1. Antonovsky, A.. Salutogenese. Hrsg. Franke, A., DGVT Verlag, Tübingen 1997.
2. Barabasi, A.-L.. Network Medicine – From Obesity for the „Diseasome". The New England Journal of Medicine 2007, 357, 404-407.
3. Barasch, M. J.. Ich suchte meine Seele und wurde gesund. Scherz Verlag, Bern, München, Wien 1996.
4. Bauer, J.. Prinzip Menschlichkeit. Hoffmann und Campe Verlag, Hamburg 2006.
5. Bauer, J.. Warum ich fühle, was du fühlst. Heyne Verlag, München 2006.
6. Bircher-Benner, M.. Ordnungsgesetze des Lebens. Bircher-Benner Verlag, Bad Homburg 1989
7. Blanchard, K., Johnson S.. Der Minuten Manager. rororo Taschenbuch Verlag, 2002.
8. Buettner, D.. The Blue Zones. National Geographic Society. Washington 2008
9. Csikszentmihalyi, M.. Flow. Das Geheimnis des Glücks. Klett-Cotta Verlag, Stuttgart 1990.
10. Daaleman, T. P.. Religion, Spirituality, and the Practice of Medicine. Journal of the American Board of Family Practitioners 2004, 17, 370 – 376.
11. Donald, M.. Triumph des Bewußtseins. Die Evolution des menschlichen Geistes. Klett-Cotta Verlag, Stuttgart 2008.
12. Eigen, M.. Stufen zum Leben. Piper Verlag, München

1987.
13. Ewald, E. U., Wolf, W.. Hygiene des Magens, des Darms, der Leber und der Niere im gesunden und kranken Zustande. Ernst Heinrich Moritz Verlag, Stuttgart 1921.
14. Frankl, V. E.. ...trotzdem Ja zum Leben sagen. Kösel-Verlag, München 2005.
15. Fromm, E.. Anatomie der menschlichen Destruktivität. Rowohlt Taschenbuch Verlag, Hamburg 1977.
16. Ganten, D., Spahl, T., Deichmann, T.. Die Steinzeit steckt uns in den Knochen. Piper Verlag, München 2009.
17. Geißler, K. A.. Zeit. Quadriga Verlag, Weinheim und Berlin 1996.
18. Grün, A.. Wie wertvoll sind Werte? Praxis aktuell 4/2009, Seite 38.
19. Güntürkün, O.. Wann ist ein Gehirn intelligent? Spektrum der Wissenschaft, 2008 November 124 – 132.
20. Haken, H.. Synergetik. Springer Verlag, Berlin, Heidelberg, New York 1982.
21. Halle, M., Schoenberg, M. H.. Körperliche Aktivität in der Prävention und Therapie des kolorektalen Karzinoms. Deutsches Ärzteblatt 2009, 106, 722 – 727
22. Heine, H., Heine, E.. Befindensstörungen – chronische Krankheiten – Altern. Co' Med-Verlag, Hochheim 2009.
23. Hoffmann, M.. Vom Lebendigen in Lebensmitteln. DEUKALION Verlag, Holm 1997.
24. Kempermann, G.. Auf dem Weg zur Unsterblichkeit? Spektrum der Wissenschaft 2008, November, 74 – 81.
25. Koenig, H. G.. Medicine, Religion and Health. Tempelton Foundation Press 2008.

26. Küstenmacher, W. T., Sewert, L. J.. Simplify your life. Campus Verlag, Frankfurt 2002.
27. Laplante, M., Sabatini, D.M.. mTOR Signaling at a Glance. Journal of Cell Science 2009, 122, 3589 – 3594.
28. Leyk, D.. Bedeutung regelmäßiger körperlicher Aktivitäten in Prävention und Therapie. Deutsches Ärzteblatt 2009, 106, 713 – 714.
29. Linke, S. E., Robinson C. J., Pekmezi, D.. Applying Psychological Theories to Promote Healthy Lifestyles. American Journal of Lifestyle Medicine 2014, Jan/Feb, 4 – 14.
30. Mangold, J.. „Möge ich freundlich zu mir sein". Deutsches Ärzteblatt 2016, 113, A274 – A275.
31. Macpherson, L.. Nature hits back. Methuen & Co. Ltd., London 1936.
32. Pollard, K. S.. Der feine Unterschied. Spektrum der Wissenschaft 2009, Juli, 56 – 62.
33. Rauch, E.. Lehrbuch der Diagnostik und Therapie von F. X. Mayr. Karl F. Haug Verlag, Heidelberg 1994.
34. Reimers, C. D., Knapp, G., Reimers, A. K.. Bewegung zur Prophylaxe von Schlaganfällen. Deutsches Ärzteblatt 2009, 106, 715 – 721.
35. Die Regeln des Hl. Benedikt. Beuroner Kunstverlag, Beuron 1990.
36. Riedl, R.. Meine Sicht der Welt. Seifert Verlag, Wien 2004.
37. Schaeffer, D., Berens, E-M., Vogt, G.. Gesundheitskompetenz der Bevölkerung in Deutschland. Deutsches

Ärzteblatt 2017, 114, 53 - 60.
38. Schrödinger, E.. Was ist Leben? Piper Verlag, München 2004.
39. Schrott, E.. Ayurveda – Für Gesundheit, Glück und ein langes Leben. Goldmann Verlag, München 2005.
40. Seewald, P.. Die Schule der Mönche. Verlag Herder, Freiburg.
41. Sessanna, L., Finnell D., Jezewski, M. A.. Spirituality in Nursing and Health-Related Literature. Journal of Holistic Nursing 2007, 25, 252 – 262.
42. Simonton, O. C.. Auf dem Wege der Besserung. Rowohlt Verlag, Hamburg 2008, 7. Auflage.
43. Smith, J. M., Szathmáry, E.. The Major Transitions In Evolution. Oxford University Press, Oxford 1997.
44. Spitzer, M.. Digitale Demenz: Wie wir unsere Kinder um den Verstand bringen. Knaur Verlag, München 2012
45. Symonds, M. E., Budge, H.. Nutritional models of the developmental programming of adult health and disease. Proceedings of the Nutrition Society 2009, 68, 173-178.
46. von Schwarzenberg, Th.. Mein Weg zurück ins Leben. Ibera Verlag, Wien 2006.
47. Temelie, B.. Ernährung nach den fünf Elementen. Joy Verlag, Sulzberg 2006.
48. Tomatis, A.. Das Ohr und das Leben. Padmos Verlag, Düsseldorf, Zürich 1995.
49. Werk, R.. Der Darm – Wächter der Gesundheit. Ehlers Verlag, Wolfratshausen 2008.
50. Werk, R.. Stoffwechselorgan Darmmikrobiom Teil 1. Pul-

sar, August 2008, 16 – 17.
51. Werk, R.. Stoffwechselorgan Darmmikrobiom Teil 2. Pulsar, August 2008, September, 22 - 23.
52. Willcox, B., Willcox, C., Suzuki, M.. The Okinawa Way. Pinguin Books Ltd., London 2001.
53. Wunderwerk Rücken. Natur + Kosmos 02/2010, S. 76 – 83.
54. www.arzneimittel-atlas.de
55. www.wcrf-de.org. Weltkrebsfonds.

Stichwortverzeichnis

A

Affirmation *90*
Alkohol *8, 17*
Allergie *29, 35*
Alterungsprozesse *38, 42, 58*
Angstzentrum *69, 70, 81*
    Interleukin *70, 80*
    Stress *11, 37, 42, 43, 54, 55, 69, 70, 74*
Asthmatiker *29*
Ayurveda *60*
    Panchakarma *60*

B

Bakterien *24, 26, 33, 34, 36–38, 42, 45, 46, 49, 80*
    Ammoniak *45*
    Antibiotika *35, 38*
    Bakterienflora *35*
    Buttersäure *36, 37*
    Essigsäure *36*
    Propionsäure *36*
Bauchform *39*
Bauchselbstmassage *39, 40*
Bauhin'sche Klappe *40, 46*
Benediktiner *31, 71*

Regeln *31*, *76*
Bescheidenheit *17*
Bewegung *9*, *17*, *20*, *23*, *28*, *31*, *44*, *54*, *55*, *59*, *64*, *73*, *85*
Bindegewebe *26*, *31*, *38*, *52–55*, *58*, *59*, *60*, *61*, *80–82*
Blähungen *36*, *38*, *39*, *47*
Blue zone *15*, *20*
    Costa Rica *10*
    Okinawa *10*, *16*, *17*, *19*, *20*, *21*, *22*, *25*, *31*, *41*, *43*, *51*, *71*
    Sardinien *10*, *69*
Blutdruck *42*, *54*

C

Chinesische Medizin *26*
Cholesterinsenker *28*
    Herzmuskel *28*
    Statine *28*
    Vitamin Q10 *28*

D

Darm *11*, *26*, *33*, *35–39*, *45*, *46*, *48*, *53*, *55*, *60*, *62*, *80–82*
    Bauchhormonsystem *81*, *82*
    Bauchnervensystem *81*, *82*
    Immunsystem *33*, *35*, *38*, *39*, *56*, *60*, *70*, *71*, *75*, *80*, *82*, *89*
Developmental Programming of Health and Disease *34*
Dickdarmschleimhaut *36*, *37*
    Durchlässigkeit *39*, *53*

E

Emotionszentrum *69, 71, 81*
    Endorphine *71*
    Oxytocin *70, 71*
Endotoxine *38, 53*
Entwicklungszeitfenster *34*
Ernährung *17, 19, 23, 28, 31, 38, 41–44, 47, 48, 49, 51, 61, 74*
    Diabetes *7, 23, 28, 36, 42, 70*
    Dinner cancelling *42*
    Energiedichte *50*
    Hara hachi bu *41*
    Hektik *40, 44, 46, 47, 77*
    Kauhygiene *46*
    Nrf2 *43*
    Sirtuin-System *42*
    TOR-System *42*
    Übergewicht *7, 10, 28, 35, 36, 45*
    unterkalorisch *17, 19*
Evolution *7, 13, 23, 24, 75, 84*
    Großübergänge *24*
    Sollbruchstellen *24*

F

Flow-Zustand *63*

G

Gehirnentwicklung *62*

Bewusstsein *11, 85, 86, 87*
Digitale Demenz *63*
Sprache *25, 62, 67, 68, 79, 86, 87*
Tomatis *62, 71*
Gesellschaft *10, 21, 22, 24–26, 44, 45, 65, 67, 72, 73, 86, 88*
    Beziehung, zwischenmenschlich *66, 69*
    Werte, materiell *65*

H

HAR *25, 62*
    Amylase *48*
    Gehirnentwicklung. *Siehe* Gehirnentwicklung

K

KZ-Häftlinge *17*

L

Langzeitgedächtnis *37*
Lärm *14, 29*
Lebensmittel *29, 43, 47–49*
    Qualität *50, 51*

M

Matrix, extrazellulär. *Siehe* Bindegewebe

O

Okinawa. *Siehe auch* Blue zone
    Ernährung *17, 19, 41, 43*

Studie *16, 17, 25*
Oxidativer Stress
37, 75

P

Pareto-Prinzip *14*
Pflanzenschutzstoffe *43*

R

Religiosität *17, 22, 25, 83, 88–91*
    Kultur *25, 67, 69, 86–88*
    Neurotheologie *85*
Respekt *21, 30*
Rhythmus *11, 17, 57–59, 72–76*
    Ghrelin *73*
    Regeneration *57, 78*
    Schichtarbeit *74*
    Tag/Nacht *20, 57, 58, 72, 74–76*
    Übergewicht. *Siehe* Ernährung
    Uhren, biologisch
    57, 58, 72

S

Salutogenese *18*
Selbstachtung *17, 69*
Spiegelnervenzellen *66, 67*
    Sozialverhalten *25*
Spiritualität *17, 22, 23, 25, 31, 83–89*

Stoffwechsel *23, 26, 28, 33, 35, 36, 38, 43, 45, 48, 53, 54, 73*
Superorganismus *33, 34, 38, 48*
Systeme *27*
    Entzündung- *28*
    Immun- *33, 35, 39, 56, 60, 70, 71, 75, 80*

U

Umweltgifte *55*

V

Vernunft *17, 30*